1冊でわかる
教育実習・保育実習

野津直樹　山本陽子　編著

萌文書林
Houbunshorin

はじめに

本書を手に取っていただき感謝します。この本に興味をもった皆さんは、教育実習・保育実習に行く予定のある方や、保育に興味のある方々なのではないでしょうか。一昔前とは違い、兄弟姉妹の数が減ってきており、同時に地域で遊ぶ子どもたちの群れも減っているため、学生一人一人が自分より小さい子どもたちと触れ合う機会というのが少なくなっているのが現状です。それだけに、実習において未就学の子どもたちとどう触れ合ったらいいのか分からないという悩みや不安、緊張があるのではないでしょうか。

筆者も、かつては幼稚園教育実習生でした。幼稚園（終わりの会）の後のバス待ちの時間に、５歳女児数名に切り紙を教えたときのことを思い出します。何回か折った折り紙の一部をハサミで切り、紙を広げると放射線状に穴があきます。この活動がとても楽しかったようで「先生、教えてくれてありがとうございます」と丁寧にお礼を言われました。「そうか！私は実習生とはいえ、子どもにとっては先生なんだ」と感動しました。皆さんも、実習という山場を乗り越えたとき、何十年も先までこのような子どもたちとの貴重な瞬間を覚えていることでしょう。

本書は、幼稚園教育実習と保育実習の基礎や実習の流れを丁寧に解説し、各実習の重要ポイントや配慮すべき事項を分かりやすく示しています。また、たくさんのワークで自主学習を進められるように設計をしています。実習においても「自ら学ぶ」という姿勢が必要ですので、皆さんは本書を読みワークを使い自主学習を進めていきましょう。自分の強みや弱みを知り、どのように実習ごとの実習課題を考えるかというような具体的な段階を踏んでいくことで、実習前の不安が減っていくものと考えます。

保育者養成校で学ぶ皆さんであれば、学校での講義・演習科目でいろいろな知識を身に付け、保育技術を学んできているはずです。何も準備することなく実習に赴くわけではないのです。せっかく学んだ知識・技術ですから、実習でこそ活用してみましょう。

子どもたちを取り巻く環境は日々変化しています。それに対応すべく、2023年にはこども基本法（巻末参照）ができました。このような保育界における新しい動きや考え方なども紹介していますので、そういった点もおさえつつ、現代を生きる子どもたちを前に、どんな実習ができるか考えてみましょう。本書が、皆さんの実習への不安を軽減し、また期待と意欲をもって臨むための一助となることを願っています。

2024年11月　編著者　山本陽子・野津直樹

もくじ

第7章 保育実習

第8章 施設実習

第9章 新しい保育の考え方

巻末資料

本書をテキストに選んでいただいた実習担当の先生方へ

本書の特徴は以下の通りです。活用いただければ幸いです。

○幼稚園教育実習と保育実習・施設実習を一冊で学べる。
○自主学習を進められるように多くのワークをつくりQRコードでオンライン学習にも対応している。
○UD文字を採用し合理的配慮を図っている。
○保育界の新しい考え方を示している。

第1章 教育実習・保育実習とは

この章の学びポイント

・教育実習・保育実習についての基本的事項を理解する
・保育者の役割を学び、実習生に求められる姿を理解する

1. 教育実習・保育実習について

(1) 教育・保育・養護とは

幼稚園教諭・保育士を目指す皆さんは、現在、教育実習・保育実習に向けて学びを深めている真っ最中だと思いますが、これまで「教育」、「保育」、「養護」という実習のキーワードについて深く考えたことはありますか。保育の場で専門職として働くには専門家としての資格・免許が必要です。そして、資格を取るためにはもれなく「実習をする」必要があります。

そのために、まず、“キーワードの意味”を調べてみましょう。デジタル大辞泉(小学館) によれば、「教育」とは1. 教え育てること。望ましい知識・技能・規範などの学習を促進する意図的な働きかけの諸活動。2. 1を受けた実績、「保育」とは①乳幼児を保護し、育てること。②乳幼児の心身の正常な発達のために、幼稚園・保育所などで行われる養護を含んだ教育作用、そして「養護」とは1. 養い守ること、2. 児童・生徒の健康を保護し、その成長を助けること、3. 特に、保護を必要とする児童などを、特別な施設によって教育すること、とあります[1)]。

すなわち、これらの3つの言葉は幼稚園教育要領や保育所保育指針等に明記されている保育の目標につながっているのです。そして図1-1にあるように子ど

もの学びは小学校以降へと連続しているため、保育の目標はその先の学習教育要領へとつながっているのだというイメージをもつと、より理解は深まるでしょう。

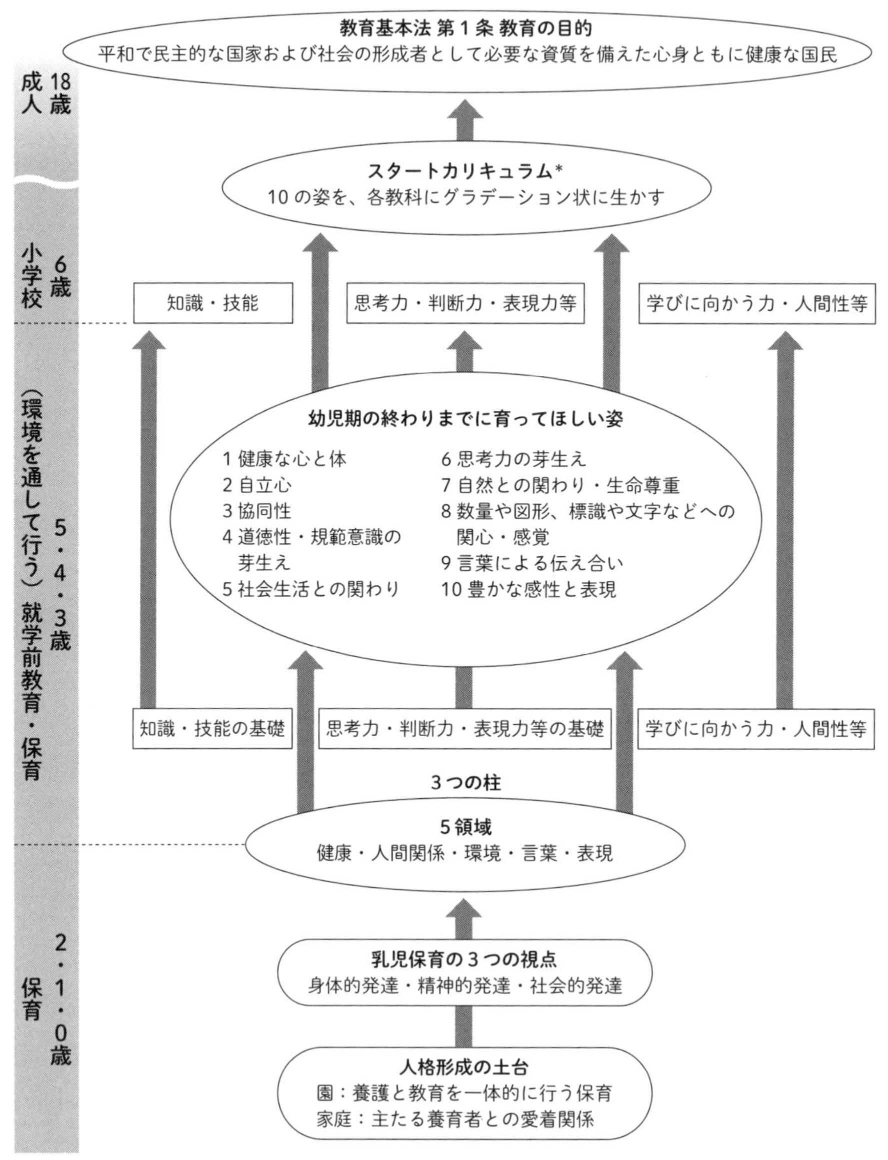

図1-1　就学前教育から小学校以降の学びへの連続性[2)]

（2）幼稚園教育実習・保育実習の概要

幼稚園教育実習や保育実習は、これまで学んできた知識および技能をそれぞれの現場で実践することです。実習期間中、皆さんは保育現場で子どもたちに様々なことを伝え（教え）るとともに、クラス担任の援助を行い、保育者としての役割を理解し、学びを深めていくことが目的となります。そのためにまずは幼稚園と保育所そして認定こども園、それぞれの違いについて理解していきましょう。

① 幼稚園教諭免許状について

幼稚園、小学校、中学校、高等学校や特別支援学校の教員は、原則として、学校の種類ごとの教員免許状が必要です（中学校又は高等学校の教員は学校の種類及び教科ごとの教員免許状が必要です）。

② 教員免許状の種類

教員免許状は３種類あり、申請により、都道府県教育委員会から授与されます。授与を受けるためには、a.所有資格（学位と教職課程等での単位取得、または教員資格認定試験（幼稚園、小学校、特別支援学校自立活動のみ実施）の合格）を得るか、b.都道府県教育委員会が行う教育職員検定（人物・学力・実務・身体面）を経る必要があります。具体的な授与基準等の細則は、都道府県ごとに定められています（表１-１）。

表１-１　教員免許状の種類[3)]

免許状の種類	有効期間	有効地域範囲	概要
普通免許状 ・専修免許状 ・一種免許状 ・二種免許状	—	**全国**の学校	教諭、養護教諭、栄養教諭の免許状です。**所要資格を得て必要な書類を添えて申請を行うことにより授与**されます。専修、一種、二種（高等学校は専修、一種）の区分があります。既に教員免許状を有する場合は、一定の教員経験を評価し、通常より少ない単位数の修得により、上位区分、隣接学校種、同校種他教科の免許状の授与を受けることができます。
特別免許状	—	**授与を受けた都道府県内**の学校	教諭の免許状です。**社会的経験を有する者に、教育職員検定を経て授与**されます。授与を受けるには、任命又は雇用しようとする者の推薦が必要であり、教科に関する専門的な知識経験又は技能、社会的信望、教員の職務に必要な熱意と識見を有することが求められます。幼稚園教諭の免許状はありません。小学校教諭の免許状は教科ごとに授与されますが、特別活動など教科外活動を担任することも可能です。
臨時免許状	３年	**授与を受けた都道府県内**の学校	助教諭、養護助教諭の免許状です。**普通免許状を有する者を採用することができない場合に限り、教育職員検定を経て授与**されます。（当分の間、相当期間にわたり普通免許状を有する者を採用することができない場合に限り、都道府県が教育委員会規則を定めることにより、有効期間を６年とすることができます。（教育職員免許法附則第６項））

③ 保育士資格について

保育士とは、保育士の登録を受け、保育士の名称を用いて、専門的知識及び技術をもって、児童の保育及び児童の保護者に対する保育に関する指導を行うことを業とする者をいいます（児童福祉法第18条の４）。

④ 保育士資格の種類

保育士資格を取得する方法は次の２通りあります。a.厚生労働大臣が指定する「指定保育士養成施設」という、学校その他の施設（大学・短大・専門学校など）で学んで卒業をするか、b.年2回実施される保育士試験を受験し、合格する方法。受験資格を満たす必要はありますが、指定保育士養成施設以外の学校の卒業者や社会人でも資格取得を目指すことができ、幅広い人に道が開かれています[4)]。

⑤ 根拠法と設置主体

表１-２にあるように、幼稚園や保育所そして認定こども園はそれぞれ根拠法令や設置主体が異なっていることを覚えておきましょう。

現在「認定こども園」が着実に増えていますが、そこで勤務する場合は保育士資格と幼稚園教諭免許の両方を取得していることが求められており、両方取得したうえで勤務している場合、「保育教諭」という職名になります。いずれはこの２つの資格・免許が一体となるといわれていますが、今のところ目立った動きはないようです。

現在、わが国では様々な子ども・子育て政策が行われようとしており、どのように実現されていくかは分かりませんが、保育者を目指す皆さんも子どもをとりまく当事者・支援者として政策の行方を注視してみてください。

表１-２　幼稚園・保育所・認定こども園の制度と機能

	幼稚園	保育所	幼保連携型認定こども園
根拠法令	学校教育法	児童福祉法	就学前の子どもに関する教育、保育等の総合的な提供の推進に関する法律（認定こども園法）
設置者	国、地方公共団体、等 (公立)都道府県教育委員会へ届け出 (私立)都道府県知事の認可	地方公共団体、社会福祉法人等設置に当たっては (公立)都道府県知事へ届け出 (私立)都道府県知事の認可	国、地方公共団体、学校法人、社会福祉法人
所轄	文部科学省 国立―文部科学省 公立―教育委員会 私立―都道府県	こども家庭庁	こども家庭庁
設置・運営の基準	幼稚園設置基準 学校教育法施行規則第 36 条～ 39 条	児童福祉施設の設備及び運営に関する基準	幼保連携型認定こども園の学級編成、職員、設備及び運営に関する基準
保育者の資格	幼稚園教諭免許状	保育士資格	保育教諭（幼稚園教諭免許と保育士資格を併せ持つ）

（3）幼稚園教育実習・保育実習の流れ（事前・事後指導含む）

幼稚園教育実習・保育実習は実習園・施設に行ってから始まるわけではありません。実習現場での活動をより豊かなものにするために、事前・事後の学習が重要となります（図1-2）。

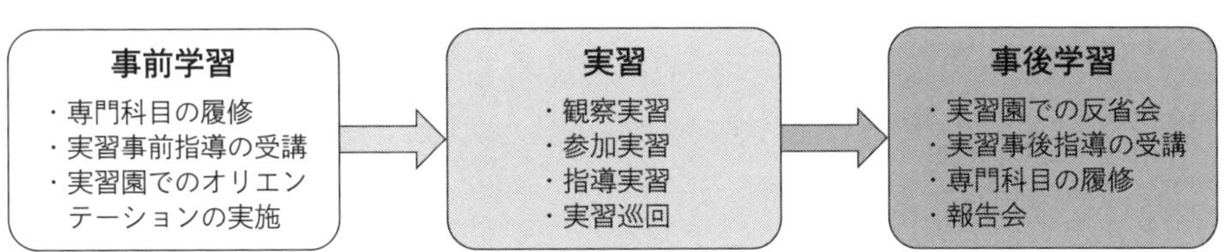

図1-2　幼稚園教育実習・保育実習の流れ（事前・事後指導含む）

本書では第1章と第2章で事前から事後まで順を追って解説しています。実習種別ごとの解説として、第6章（幼稚園実習)、第7章（保育所実習)、第8章（施設実習)、この順で載っていますので、それぞれの実習の際に参考にしてみてください。

2．実習生に求められるもの

（1）保育者の資質・役割とは

ここでは保育者とは何かを改めて考えていきたいと思います。保育者とは一般的に、乳幼児を保育している人のことを指し、幼稚園教諭や保育士・保育教諭を指します。しかし、ただ免許状・資格を取得するだけでは現場は務まりません。幼稚園教育要領、保育所保育指針等に記載されている事項を踏まえ、子ども一人一人と向き合っていく資質・能力が必要となります。

なぜなら子どもは日々、生活や遊びの中で子ども同士や大人と関わりながら成長していくため、保育者の“気付き”が子どもの成長にとても重要な役割を果たすからです。保育者は子どもと関わる立場であり、子どもが自ら学びに向かう姿勢をつくりだせるよう配慮し、援助しなければならないのです。

表1-2で示したように、幼稚園と保育所・認定こども園では管轄が異なるため、それぞれの役割、目標が存在します。しかし、幼稚園・保育所・認定こども園を卒園したあとは皆、小学校へと進学します。そのため、保育者は幼稚園教育要領等に示されている「幼児期の終わりまでに育って欲しい姿」を理解し、育っていく方向性を念頭に入れつつ、保育者としての役割を果たしていく必要があるのです。

このような役割があることを踏まえつつ、皆さん一人一人の中に理想の保育者像を確認するためにも、保育者とは何か、どういう人を指すのか 巻末ワーク1 を使ってグループで考えディスカッションしてみましょう。

（2）実習生に求められる態度・心構え

さて、これから実習生としてそれぞれ実習園・施設に向かいますが、皆さんは、今現在どのような心構えで日々学びを深めていますか。そして、どのような態度で実習に向かおうとしているでしょうか。

保育現場での活動をより豊かなものにするためにも、「実習生に求められる態度・心構え」について深く理解することが求められます。それぞれの学校において定められたルールがあると思いますので、本書に記載されている点だけでなく、自分の所属する養成校のルールを今一度確認しましょう。

実習の心構えと注意事項[5)]

① 実習は責任感と熱意をもって取り組む

・教育実習、保育実習中は子どもたちにとって「先生」であることを意識しましょう。

・子どもは「先生」の表情をよく見ており、その熱意を敏感に感じています。

② 社会人としての基本を守る

a.欠勤・遅刻などについて

・遅刻しないよう時間に余裕をもって行動しましょう。※交通渋滞は遅刻の理由になりません。どうしても遅れる場合は必ず連絡をいれましょう（連絡先は必ず控える）。

・基本的に欠勤はしないよう気を付けましょう。
健康管理について留意しましょう（やむを得ず欠席する場合は、実習先に電話で理由を述べ、病院に行き検査結果と実習再開時期を必ず実習先と養成校に連絡しましょう）。

・決して居眠りをしてはいけません。※昼食後は要注意。
従来の生活リズムとは異なるため、事前にリズムを合わせておきましょう。
実習期間中、夜更かしは絶対にやめましょう。アルバイトも原則禁止です。

b.服装、容姿、言葉づかいについて

・清潔感のある服装を心がける。活動に不便で派手なものやラフなものは避けましょう。

実習中の身だしなみ

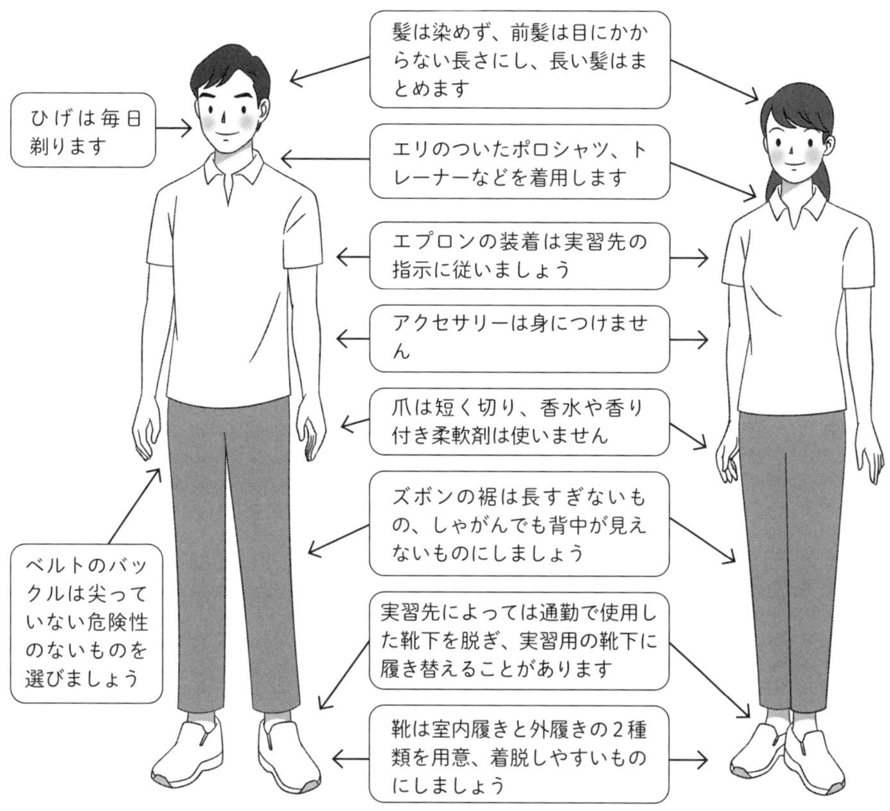

- 誰から見られても問題がないと思われる容姿などを心がけましょう。教育・保育職は社会人としての規範に合っていることを厳しく求められます。
- 派手な髪色、派手なピアス、ブレスレット、ネイル、つけまつげ、カラーコンタクトレンズなどは避けましょう。
- 寝ぐせは厳禁、長い髪はまとめましょう。
- 男性はひげを剃りましょう。ベルトのバックルは尖っていないものを選んでください。
- 香水はつけません。
- 衣服の洗濯の際、香りの強い柔軟剤を使うのは控えましょう。
- 口臭などにも気をつかいましょう。
- 実習園・施設の教職員や子どもたちに対し、ふさわしい言葉づかいを心がけましょう、「タメ口」は論外です。

③ 実習園・施設の教職員に対して

- 直接関係のない先生や職員の人たちにも挨拶ははっきりとこまめにしましょう。
- 分からないことは実習園・施設の実習主任などに相談しましょう。
  ※場合によっては大学（実習担当教員または事務局）に連絡しましょう。

・何事にも「ほうれんそう（報告・連絡・相談）」は基本です。
・実習園・施設での指導体制について実習担当とクラス担任に必ず確認しましょう。

④ 実習園・施設の子どもに対して

・保育者としての立場を見失わないよう、しっかりとした態度で子どもに接しましょう。
・積極的に配属クラスに関わり、子ども一人一人の理解に努めましょう。
・特定の子どもを熱心に指導したり、逆に無視したりすることは厳に慎みましょう。意識せずとも、そのように思われるような行動をしないように心がけましょう。
・少しでも不確かな知識や漢字、用語があった場合、必ず調べましょう。「まぁ、いいや」「大丈夫でしょう」という気持ちでいてはいけません。分からないことは隠さず、素直に分からないと伝えましょう。

⑤ 注意すべき一般的な事項

・子どもの安全に留意してください。
・４S（整理・整頓・清潔・清掃）を心がけましょう。
・何事もメモを取る癖をつけましょう（メモを取ってよいかは事前に確認）。
・他大学の実習生や子どもの前で実習園・施設や保育者への批判をしないよう注意しましょう。
・園内外（エレベーター内など）で実習先のうわさ話をしないように気を付けましょう。
・園で知り得た子どもやその親、園の関係者についてのプライバシーについて秘密保持義務を守りましょう。
・SNS等に実習や実習先について書き込むことはやめましょう。

⑥ その他

・実習終了後は、お礼状を出しましょう。
・貴重品は必ず鍵のかかる（指定された）場所に保管しましょう。
・給食費について、必ず事前に確認しましょう（最終日にはおつりのないようぴったりの金額を用意し封筒に入れ、表には学校名・氏名・○日分給食費○円と書きましょう）。
・やむを得ず実習を取りやめる場合には、速やかに養成校に連絡をしましょう。
・実習関係書類（実習日誌、出勤簿など）の扱いには十分に注意しましょう。

以上の項目に反する行動をとった者がいた場合には、次年度から実習を断られてしまうケースもあるので、後輩のことも考えて実習に臨んでください。

（3）実習に行く前に――自己解析[6)]

自己解析とは一般的に「自分のことを分析し、より深く正しく理解するための作業」をいいます。自分の性格や学習状況をよく理解し「自分にとって何が課題なのか」を把握し、保育者としての能力を向上させ自己紹介や実習書類でアピールしてみましょう。

①「あなたは“明朗性”という視点でみたときにどのような表現で自身をアピールできますか？

・いつも明るくて元気である
・周囲を明るく元気にすることができる
・いつもムードメーカーである
・場を和ませる雰囲気をもっている

② あなたは“周囲との関わり”においてどのような存在でしょうか？

・気づかいができる
・人の話をしっかりと聞くことができる
・人と丁寧に付き合うことができる
・緊張しやすいところがある
・愛着をもって人と付き合うことができる

③ あなたは“物事に取り組む姿勢”という点ではどのような人でしょうか？

・根気がある
・てきぱきとしている
・我慢強い
・地道である
・確実である
・責任感がある

④ あなたは“どのような行動スタイル”をもっていますか？

・周りを引っ張っていく力をもっている
・状況に合わせて臨機応変に対応する力をもっている
・マイペースである
・人が嫌がることを率先して行える力をもっている

上記以外にも、私たち人間は様々な特徴（よいも悪いも含めて十人十色）を兼ね備えています。自分のよさを実習園・施設の方々に理解してもらうためにも、まずは自分自身を知ることが必要となります。巻末ワーク２を行い、自分を知り自分のアピールができるようになりましょう。ここで行ったワークは 巻末ワーク3 （実習生紹介書）の「性格」を書く欄に活かすことができます。

第1章では実習の基礎的事項を確認しました。第2章では、さらに具体的な実習の内容を解説していますので、第1章を踏まえて読んでください。

（4）実習生紹介書（個人票）の書き方

実習園・施設に挨拶に行く際には必ず“実習生紹介書”を提出しましょう。このページの見本を参考にして、巻末ワーク3 を行ってみましょう。

実習生紹介書（記入例）

忘れずに記入 → 学籍番号

提出日を記入 → 年　月　日

実　習　生　紹　介　書

ふりがな	おだわら　はなこ	年度生	写真　4cm×3cm ※写真を貼る 写真の裏側に 氏名を記入後 のり付けする。
氏　名	小田原　花子	生年月日 昭和 (平成)○年○　月　○　日	
現住所	〒250－0045 神奈川県小田原市○－○－○ TEL0465（○○）○○○○		
帰省先住所	〒　－ 同　上 TEL　（　　）		
最終学歴	（高校・大学・短大・大検 等） 神奈川県立○△高等学校		
地域活動 （ボランティアなど）	高校時代に保育所でボランティア活動 小田原市子育て支援センター△△△ボランティア ※中学時代の職業体験は不可		
健康状態	良好 ※特別な既往症がある場合は、“持病はあるが日常生活には差支えない” や “持病はあるが健康状態は良好” と書く。（自分で説明できるようにする）		
特　技	・弾き歌い　・ピアノ演奏　・イラスト描画 ・バレーボール　・クラリネット吹奏　・折り紙製作		
性　格	※箇条書きで良い		
その他 教育に関連する 経験等			

自宅外通学生は自宅住所を記入

県立･私立の区別を書き、正確に学校名を記入。ただし、私立の場合は、私立と書かなくてよい。

特別な既往歴がない限り良好と書く。

※保育現場で役立ちそうな特技ならなおよい。

※文章が思いつかないときは、巻末ワーク2 を参考にして書く。

実習期間	○○年○月○日（○）～ ○月○日（○） ○○年○月○日（○）～ ○月○日（○）

第2章 実習に向けて

この章の学びポイント

・実習の基礎的事項について学ぶ
・実習を前に自分を知り課題を立てる

1. 実習に向けての準備

（1） 実習園・施設の選択と依頼方法

皆さんが行く実習先についてですが、各養成校の教員が実習先を開拓して学生の配属を決める場合と、学生自身が自分の実習先を探す場合とがあります。通信制の学校の場合は、自己開拓の場合が多いでしょう。そこで、ここでは学生自身が実習先を探す場合について解説したいと思います。

出身園（学生自身が卒園した園）や、兄弟姉妹が通っている園または家族や親戚が勤務している園については、養成校によっては実習先として認められない場合がありますので注意してください。また認可園、認証園、無認可園などありますが、必ず「認可」園を選んでください。

①公立園と私立園

実習先の施設は、公立と私立に大きく分けられます。公立園の場合ですが（ここでは小田原市と仮定して解説します）、学生が小田原市立園の中でも自分の家の近くのA園が良いと考えていたとします。しかし現実にはそのとおりにはいかないこともあります。なぜなら実習の依頼を「園」ではなく「市」に行う形となるからです。市の担当者が様々な園と相談しながら、実習生にふさわしい園（実習指導を行うことができる実習担当者が勤務しているなど）を選ぶため、同じ市の中でも、自宅より遠方の園になることがあります。

次に私立の場合ですが、HP等に載っている情報をよく読み、自分の保育観に合う園を探すとよいでしょう。基本的に１年くらい前には実習先を決めておくほうが無難です。一つの園にさまざまな学校の学生が実習を依頼しているからです。園の担当者は、６月（２人）７月（１人）など、年間を通じて現場に無理のない実習生受け入れ人数を決めているため、その時期の枠を取りたいのであれば、早めに打診するほうがよいということです。

② 幼稚園教育実習開拓についての注意事項

実習園を開拓したくても、近くには認定こども園しか無いという場合があります。その場合は「幼稚園型認定こども園」であることを確認する必要があります。幼稚園型でないと、幼稚園教育実習先として所管である文部科学省に認めてもらえないからです。また幼保連携型認定こども園の場合は、実習配属クラスについて３～５歳と定められているので依頼時に注意しましょう。

③ 保育実習（保育所）開拓についての注意事項

保育実習の場合ですが、公立は幼稚園と同じく自治体への依頼となります。私立の場合は株式会社設立のものや有限会社設立、またはNPO団体設立の新規小規模施設などが混在しているため、園によっては実習先として認められない場合があります。選択肢がある場合は，なるべく歴史の長い社会福祉法人設立の園を選ぶとよいでしょう。なお自身で開拓した園が、実習先として認められる園かどうかが分からない場合は、養成校に確認する必要があります。また実習先として認定こども園を選ぶ場合は、保育所型か、あるいは幼保連携型かどうかを確認してください。

④ 保育実習（施設）開拓についての注意事項

施設実習においては、各種様々な施設がありますので、教科書などをよく読み、保育実習Ⅰ（施設）・Ⅲの実習先として決められている児童福祉施設を選ぶようにしてください。

ただし、株式会社設立の児童発達支援センターや放課後等デイサービスのような、設立されたばかりで実習生の受け入れをしたことがない施設もありますので、注意が必要です。こちらも歴史の長い社会福祉法人設立の施設を選ぶことをお勧めします。

（2）実習先オリエンテーション

実習園・施設が決まり実習が近づくと、事前にオリエンテーションを受けることになります。前もって実習先に連絡をし、日程を調整しておきましょう。オリエンテーションは実習の１ヶ月前あたりに設定されることが多いです。

オリエンテーションは、実習生が初めて実習先の先生方と出会う機会です。実習依頼の電話をかける際には正しい敬語はもちろんのこと丁寧な言葉づかいを心がけましょう。緊張で言葉に詰まるなど上手く話せなくても誠意を込めて話すことが大切です。養成校名、名前、質問事項など事前に話したい内容をメモしておくと焦らずに話すことができるでしょう。

また実習先に電話をかける際には園・施設が忙しい時間帯の電話は避け、比較的落ち着いている時間帯（幼稚園：子どもの降園後15時以降、保育所：午睡時間13~14時ごろ、子どもの降園後17時以降）にかけるようにしましょう。しかし、担当者が手が離せない状況であった場合には断られてしまう可能性もあります。その際には、電話が可能な時間帯を伺いかけ直すようにしましょう。オリエンテーションに行く際は、巻末ワーク４オリエンテーションチェックシートを活用してください。

オリエンテーションまでにおさえておくべきポイント

- 学校名、学部名、学年、名前
- 実習先正式名称、園長（実習担当者）の名前
- 日程のすり合わせ（授業スケジュールや学校行事などを確認のうえで電話をする）
- 持ち物の確認（必要書類、実習日誌、指導案、印鑑、筆記用具、室内履き、メモ帳、ハンカチ・ティッシュ、クリアファイルなど）
- 当日の服装（スーツスタイルが望ましい）
- 髪型（髪色は生まれたときの色にしてください。長い髪は一つに束ね、短い場合には前髪が顔にかからないよう整えましょう）
- 清潔感のあるメイクを意識しましょう。爪は短く切り、ネイルは外しましょう

オリエンテーション当日におさえておくべきポイント

- 要領指針等、実習先の規模や人数、担当クラスの年齢、人数
- 配慮が必要な子どもへの対応の仕方（食物アレルギー含）
- 一日の流れ

・出勤、退勤時間、出勤の手段
・通勤時の服装
・出勤簿の場所
・書類、実習日誌の提出場所
・外履き、室内履きの置き場所、更衣室の使い方
・実習期間中のスケジュールや行事の有無
・実習当日までの課題（歌やピアノの練習など）
・質問事項をまとめておき、尋ねること（水筒を保育室に置いてよいかなど水分補給についても聞いておきましょう）

（3）養成校における事前の準備・実習課題

実習園・施設へのアポイントメントが終わり、オリエンテーションが始まる頃には事務的な書類内容の確認とともに、保育に関する基礎的な理論や乳幼児の発達についてしっかりと復習し、幼稚園教育要領や保育所保育指針等を熟読しておきましょう。

また各種実習を前に、その実習を行うにあたり、事前に自分自身の課題は何かを考え、目標を立てて実習に臨むのがスタンダードです。自分自身の得意分野や苦手分野を冷静にみつめ、その実習において何を学びたい（得たい）のかを考えてみましょう。**巻末ワーク5**を行ってみましょう。

またオリエンテーション時に実習園・施設から実習生に事前課題が課される可能性があります。たとえば課題曲であったり、社会福祉専門用語調べであったりという課題です。その際、ぎりぎりに取り組むのではなく余裕を持って取り組むようにしましょう。

その他、以下のようなことを準備し、実習に臨みましょう。

① 自己紹介

実習時、初めて会う子どもたちに自己紹介を行います。これまで“学生”として学びを深めていた立場から、「先生」になるわけですから子どもたちの目を見ながら笑顔で大きな声ではっきりと自己紹介ができるように練習しておきましょう。**巻末ワーク6**に取り組んでみましょう。

② 歌、ピアノ練習

実習中はピアノを演奏する機会が多く存在します。実習時期に合わせた曲を練習しておくとよいでしょう。“ただ弾く”のではなく、ピアノを弾きながら楽しそうに歌えるように練習をしましょう。園によっては壁側にピアノが設置されている可能性もあるため、余裕がある場合には鍵盤を見ずに弾けるとよりよいでしょ

う。ピアノの音が止まってしまうと子どもたちが困ってしまいます。課題曲が出た場合には、右手（メロディ）だけでも止まらないよう入念な準備をしておきましょう。

③ 絵本の読み聞かせ練習

絵本の読み聞かせの練習はとても大切です。配属クラスが決まった段階で、図書館などでその年齢にあった絵本を選び借りておきましょう。絵本の持ち方、読み方、子どもへの視線、読むときの表情などに気をつけながら練習しましょう。家族がいるなら家族の前で、一人暮らしであれば鏡の前で練習をするとよいでしょう。

④ 実習記録の予習

実習日誌には、実習のねらいおよび目標、保育内容（時間、環境構成、子どもの活動内容、保育者の動き、実習生の動きや感想、反省、考察）を毎日記録し、毎日提出します。とても時間がかかり大変な作業ですが、とても大切な作業でもあります。教科書などを参考に、各項目に書く内容を確認し書き方をイメージしましょう。また実習先独自の日誌に記入するよう依頼される場合があります。その場合は、養成校に確認をとってください。

（4）実習生自身の準備

実習に行くことだけに気を取られてはいけません。実習に行くためには自分自身の身だしなみやモラル、マナーについても準備する必要があります。実習においてはまず、第一に“実習生”の立場であることを忘れてはいけません。また、“実習生”であると同時に子どもたちにとっては“先生”という存在でもあります。したがって、だらしない恰好や不適切な言葉づかい、マナー違反は絶対にあってはいけません。以下のポイントをおさえて準備しましょう。確認が終わったら 巻末ワーク7 を行ってみましょう。またモラルについては巻末（p.118）の**全国保育士会倫理綱領**を確認しておいてください。

① 服装

実習先によってルールが異なる場合が多く存在します。友人が行く実習先は大丈夫だったから、私も大丈夫だろう…ではなく、オリエンテーション時に確認し、指示された服装で実習に取り組みましょう。

② 礼儀・作法について

礼儀とは、人間関係や社会の秩序を維持するために人が守るべき行動様式のことを指しますが、最も大切なことは相手に不快な思いをさせず、清々しい気持ちで向き合える関係づくりです。

a. 挨拶

しっかりと“目を見てはっきりとあいさつをする”ことを心がけましょう。「おはようございます」を例にとると、目線がさがり、うつむきながらボソッと言われると一日の雰囲気が暗くなりますが、目を見てハキハキと声をかけられれば一日を明るく過ごせるものです。実習期間中は保護者、教職員の方々、子どもたち、出会ったすべての方々に気持ちのよい挨拶をするよう心がけましょう。

b. ルールを守る

前述したとおり、皆さんは“実習生”であると同時に子どもたちにとっては“先生”という存在であるため、社会人として基本的なルールは守らなければなりません。実習園・施設で定められたルールは勿論のこと、時間や実習日誌、その他提出物などの期限についても厳守しましょう。また、分からないことがあった場合には分からないままにするのではなく、質問をして解決してから次に進みましょう。

c. 言葉づかい

普段から意識しておかなければ、言葉づかいはそう簡単に改善されるものではありません。実習期間中、保護者や教職員の方々、子どもたちと話しているときに正しい敬語や丁寧語が使えるように日頃から意識しておきましょう。日常生活（学校生活）のなかで意識することで、自然と正しい言葉づかいができるようになるでしょう。

（5）守秘義務について

児童福祉法第18条の22には「保育士は、正当な理由がなく、その業務に関して知り得た人の秘密を漏らしてはならない。保育士でなくなつた後においても、同様とする。」と記載されています。もちろん幼稚園教諭も同様です。

そしてこの守秘義務については、実習生であっても守らなければならないことを知っておきましょう。実習園・施設で知り得た全ての情報は、家族であっても漏らしてはならないということを十分に理解し、実習に臨んでください。

ただし、児童虐待防止法第６条には、虐待を受けたと思われる児童を発見した場合に、児童福祉法第25条の規定により通告を行うことは、守秘義務違反にならないことが明記されています。さらに、通告を受けた児童相談所などは、通告をした者を特定させるものを漏らしてはならないと定められており、通告した人の秘密は守られます。つまり、児童虐待が疑われる場合には、通告することが義務付けられており、その行為は守秘義務違反とはみなされません。

とはいえ皆さんはあくまでも実習生ですので、仮に子どもの身体に気になる点を見つけた場合は、自分で動くのではなく、速やかにクラス担任に伝えましょう。近年、目を背けたくなるようなニュースが多くあります。保育者として子どもたちの少しの変化に気付けるよう目を見張らせることが重要です。実習を前に、巻末ワーク8 を行ってみましょう。

（6）細菌検査の実施

保育所や施設などの児童福祉施設では、食中毒や感染症予防のため、食事の提供に関わる職員に対して「赤痢・サルモネラ（チフス菌・パラチフスA菌）・O157（腸管出血性大腸菌）」ついて定期的な検便が義務付けられています。検便は症状がでていない保菌者（不顕性感染者）を見つけることを目的として実施しています。保菌者である場合、便などから菌が排出されるため他者に感染させるリスクがあり、その中でも特にO157 などの腸管出血性大腸菌は感染者が死亡する極めて危険性の高い菌です。そのため、保菌者が含まれていないかを確認するために定期的な検便が義務付けられているのです。

実習生も子どもたちの食事の介助を行う関係上、保育者と同様に検便が義務付けられています。したがって、実習生は実習施設（あるいは養成校）から求められた期限内に必ず検便を実施し、その結果の書類を提出しましょう。また、体調を整えて臨むために、実習の２週間前から体調のチェックを行いましょう。各実習の前に 巻末ワーク9 を行いましょう。

2．実習の流れ

（1）見学・観察実習（ステップ1）

実習には4つのステップがあります[1)]。この図2-1を参考に準備を進めていきましょう。４つのステップについて順を追って解説していきます。

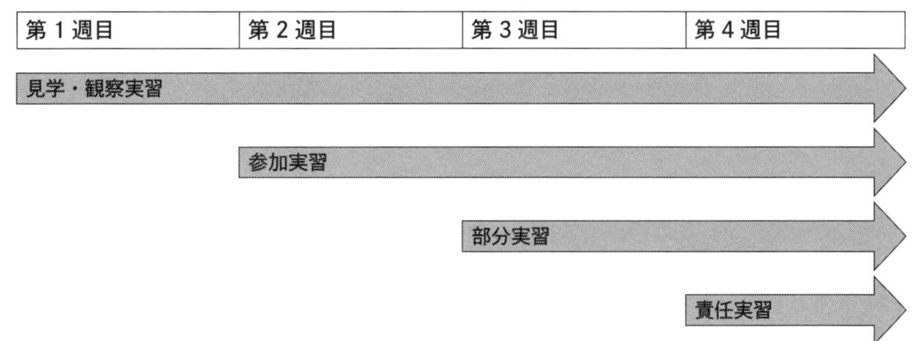

図2-1　実習のステップ

まず、最初のステップは「見学・観察実習」です。見学・観察実習とは、実習先の一日の流れや保育者の言葉かけや動き、子どもたちの行動、様子、子ども同士の関わりなどの見学や観察を行う実習です。しかし､言葉のとおりにただ見学･観察をするのではなく、実際に子どもたちと関わり保育者の補助をしながら行うことも求められます。したがって、事前に見学・観察実習時の行動について確認しておく必要があります。

４つのステップがあると記載しましたが、観察による学習は初日から最終日まで続きます。すなわち、実習の基礎基盤となるのが「見学・観察実習」なのです。最初は、見学・観察していることで精一杯かもしれませんが一生懸命に実習に向き合うことで次第に“気付き”や“理解”が増え、見える範囲や視野が広がってくるはずです。気が付いたことはどんなことでも書き残す癖をつけましょう。

見学・観察実習での気付きは実習日誌にも記録していくことになります。実習園によっては、その場でメモを取れない状況もあるのでタイミングを見計らい素早く記録しましょう。また以下のような工夫をすることで、より深い学びへとつながるでしょう。

① 一日の流れを把握する

一般的な保育の一日の流れは第６章や第７章を確認してください。実習園・施設の教育方針や教育内容、園バスや預かり保育の有無などによって流れは異なります。そのためオリエンテーションで実習園・施設にいる時間の流れを質問し把握することができれば、保育者や子どもの動き（動線）の想定が可能となり、実習生としての役割が見えてくるでしょう。前日に教えてもらった動きについては、翌日同じことを聞かず自分から動くなど積極的な姿勢を見せましょう。

② 子どもの大まかな実態を把握する

担当クラスに限らず、園全体の園児数に加え、各クラスの人数について把握するようにしましょう。事前オリエンテーション時の共有を待つのではなく、園や施設のホームページに記載されている場合もあるため下調べを行いましょう。また実習園・施設では最初に配属されたクラスの子どもたちの名前を覚えるようにしましょう。

皆さんが緊張するのと同様に、子どもたちも初めての先生に対しては緊張しています。名前を呼びながら積極的に関わることで、子どもたちの緊張感が和らぎ、実習園・施設にとっても、子どもたちにとっても、実習生（自分自身）にとってもよい雰囲気づくりへとつながります。そしてアレルギーのある子どもや発達に課題のある子どもなど、事前に知っておいた方がいい情報については自分から質問し把握するように努めましょう。

前述したとおり、「見学・観察」は基礎であり、継続することで４週目には子どもについての「気付き」がより深いものとなっていることが期待されます。何事も経験を積むことによって理解の精度が向上します。保育者が求めていること、子どもたちが求めていることが分からなければ積極的に質問し、疑問点を解決していきましょう。そうでなければ、「気付き」が得られない実習となり、適切な実習指導計画案を立てることはできません。子どもたちの実態を把握し、理解することは保育の出発点なのです。

（2）参加実習（ステップ2）

見学・観察実習を終えた後、ステップ２「参加実習」へと入ります。参加実習とは、保育に直接参加し、保育者の補助をしながら学ぶことを指します。見学・観察実習の際に、園の一日の流れを把握することができなければ参加実習にうまく参加することができないといっても過言ではありません。この実習の際、実習生に求められることは、子どもと積極的に関わること、保育者を積極的に補助することです。

① 子どもと積極的に関わる

子どもに対する理解を深めるためには、子どもと実際に触れ合い接することが一番の近道です。子どもの目線に合わせて、どのような遊びをしているのか、遊びをどのように進めているのか、何に興味・関心を持っているのか、遊びから何を学び、感じているのかを学ぶことができます。そうすることで、新しい発見も広がります。また、実践していくうちに子どもとの距離感や関わり方がつかめてくるでしょう。見学・観察実習で気が付いたことを、参加実習では実践していきましょう。さらに、この間は部分実習・責任実習の計画指導案を作成することが多いようです。子どもの実態を踏まえた計画を立てられるよう、子どもと関わりながら日頃の子どもの動きや反応、子どもたちができること、できないことなどの特徴をおさえておきましょう。日常生活の様子から、そのクラスに対して配慮すべき事項が見えてくるでしょう。参加実習期間中に子どもたちの特徴や変化を捉え、次の展開につなげていきましょう。

② 保育者の補助を積極的に行う

保育者の補助を積極的に行うことは、保育者の役割や動きを学ぶことができる絶好のチャンスとなります。補助、と聞くと教材の印刷や準備などサポート役という印象をもつかもしれませんが、子どもの登園前や降園後の清掃、翌日の保育の準備、保育中の教材準備や机や椅子の出し入れ、昼食の準備および片付け、子どもへの促しや見守りなど様々な内容を含みます。任された（指示された）仕事のみを行うのではなく、積極的に「何かできることはないでしょうか」と尋ねたり、「〇〇をしてもよいでしょうか」など行動に移してみましょう。

そうすることで、次第に相手が何を求めているのか、保育者がどのような気配りをしているのかが分かるようになり、その環境に何が加わるとよりよい環境になるのか気付きが生まれてくるでしょう。実習園・施設の指示に従い、どのように保育に参加すべきか、自分自身で考え、時には相談しながら保育者の動きを学んでいきましょう。

実習１～２週目にも、朝の会や帰りの会、給食の前など短い時間での活動の合間に絵本の読み聞かせや手遊びなどを任せていただけることがあります。その際には、見学・観察実習で見て学んだこと、参加実習で経験し学んだことを生かしてそのクラスに適した活動を展開するようにしましょう。短い時間での活動は指導計画案を書かない場合もあることが報告されているため、実習園・施設に確認を取るようにしましょう。何をするにも“初めて”から始まります。最初は難しいと感じても回数を重ねていくうちに、自身で改善点に気が付けるようになってきます。保育者と相談しながら、積極的に実践していきましょう。

（3）部分・責任実習（ステップ３・４）

ステップ１～２を終え、最終段階となるステップ３「指導・部分実習」、４「指導・責任実習」に入ります。指導実習（部分・責任実習）は、保育者（担任）の立場で一日の「ある時間」、「指導計画」を立てて保育を行う実習です。実習園・施設に通う子どもたちの実態に合わせた指導計画を立て、担任として責任をもって行う保育を体験し、理解を深めることを目的としています。「ある時間」の長さやタイミングは実習園・施設の指示に従いましょう。

たとえば、朝の会、主活動、昼食の時間、帰りの会と順に３～４回の部分実習を行い、最終週で責任実習を行うといったパターンや、部分実習は主活動の１回で、それを活かし責任実習に臨むパターンなど部分・責任実習のタイミングは実習先によって様々です。基本的には、担当するクラスは実習園・施設からの指示に従いますが、何歳児クラスで行いたいのか希望を聞いていただける場合もあります。その際、自身の考えを分かりやすく伝えられるよう、理解を深めたい事柄について、またどんな保育内容にしたいかを考えておくとよいでしょう。

①指導計画の作成

指導実習（部分・責任実習）を行うにあたって、事前に指導計画を作成する必要があります（第５章参照）。保育者として、指導計画を立てる際には、観察・参加実習で得られた「気付き」や「理解」などの成果が重要となります。保育者としての一日の流れ、実習園・施設全体の流れの把握はもちろんのこと、子どもたち一人一人の様子や集団としての様子などこれまで経験し、学んだことが活かされます。保育のねらいは、幼稚園教育要領や保育所保育指針等に設定されていますので、指導計画案を作成する際には手元に置き、自身の担当するクラスの様子から「ねらい」や「内容」を考えましょう。

一生懸命に考えて立てた計画はあくまで“仮説”であり、すべて計画の通りにいくわけではありません。実施する当日までに必ず担任保育者や実習担当者に指導を受け、改善・修正する必要があります。実習園・施設に在籍する子どもの実態に合った内容であるか、保育者の援助・配慮点は適切であるかを“必ず”確認して頂きましょう（図２-２参照）。

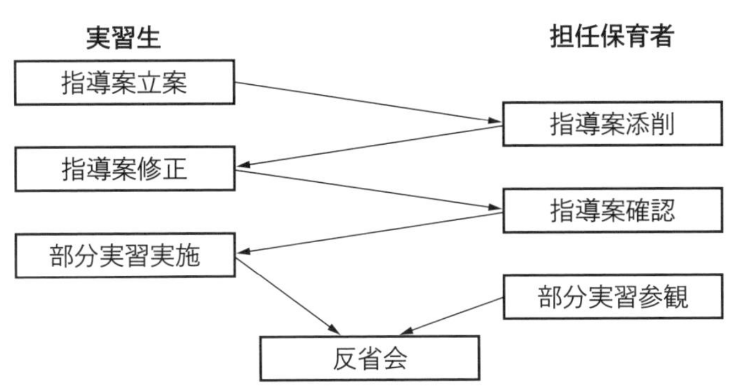

図２-２　部分・責任実習実施までの流れ[2)]

修正期間を考慮し、早め早めに指導計画案を用意することが大切です。実習初日に提出を求められる場合もあるため、実習前からできる限りの準備は進めておきましょう。予期せぬ事態に備え、子どもたちの反応を何パターンかシミュレーションしておくと当日、臨機応変に対応することができます。

② 指導計画の実施

繰り返しになりますが、皆さんは“実習生”でもあり、“先生”でもあります。当日、緊張や焦りでどうしようもならなくなったとしても子どもたちの前では笑顔を絶やさずにいることが大切です。子どもたちは、“新しい先生”として皆さんを受け入れ、「今日はどんなお話しができるかな」、「今日はどんなことをしてくれるのだろう」と楽しみにしています。

前述したとおり、子どもたちは相手の表情をよく見ているため、皆さんが緊張でこわばっているとその緊張感が伝わり、その活動を心から楽しむことができません。自分自身が楽しまなければ、子どもたちにもその楽しさは伝わらないのです。短い実習期間ですが、実習園・施設全体に笑顔があふれる時間にできるよう精一杯取り組みましょう。

また、図２－２にあるように指導計画は計画→実践で終わりではなく、その後の振り返りや反省までがセットとなります。指導実習で得られた、学び、気付き、反省と自分の言葉で伝えられるよう、すぐにまとめておくとより深い学びへとつながります。

（4）養成校教員の実習巡回と指導内容

皆さんの実習期間中には、養成校の担当教員が各実習先に実習巡回に行くことになっています。実習巡回とは「養成校教員が実習期間中に実習施設を訪問し、実習施設の指導担当職員と連携しながら訪問指導によって学生を指導すること」であり、これは厚生労働省の局長通知を基に行っています。

また、教育実習は教育職員免許法施行規則の規定に基づき教育現場において大学、短期大学、養成校で学んだ理論や知識を活かすとともに、教育の現場に触れながら教育の実践的な知識、技能、態度等の基礎を習得するものです。

文部科学省の定めるところによる教育実習全体目標は「教育実習は、観察・参加・実習という方法で教育実践に関わることを通して、教育者としての愛情と使命感を深め、将来教員になるうえでの能力や適性を考えるとともに課題を自覚する機会である。一定の実践的指導力を有する指導教員のもとで体験を積み、学校教育の実際を体験的・総合的に理解し、教育実践ならびに教育実践研究の基礎的な能力と態度を身に付ける」とあり、「保育内容の指導及び学級経営に関する事項※幼稚園教諭」の 一般目標には「大学で学んだ領域や教職に関する専門的な知識・理論・技術等を、保育で実践するための基礎を身に付ける」、到達目標「１）幼稚園教育要領及び幼児の実態等を踏まえた適切な指導案を作成し、保育を実践することができる。２）保育に必要な基礎的技術（話法・保育形態・保育展開・環境構成など）を実地に即して身に付けるとともに、幼児の体験との関連を考慮しながら適切な場面で情報機器を活用することができる。３）学級担任の役割と職務内容を実地に即して理解している。４）様々な活動の場面で適切に幼児と関わることができる。」[3] とあります。

したがって、養成校の担当教員は実習生がこれらの目標を達成できているのか、どのような態度で実習に向き合っているのかを見るため、実習先の担当者に状況を聞いたり、実習生自身と話したりする時間をもちます。実習生は巡回教員が来る際に相談できるよう、あらかじめ質問事項をまとめておくとよいでしょう。

3. 実習終了後の流れ

（1）実習園・施設における反省会

実習期間中、皆さんはステップ1～4（見学・観察実習、参加実習、指導・部分実習、指導・責任実習）をたどる中で、多くのことを経験し充実した毎日を過ごせたことと思います。しかし、ただ体験するだけでは“学び”とはいえません。

体験を学びに転換するためには、実習を振り返り、整理、評価、分析することが必要です。

そうすることにより、その体験についての理解を深めたり、反省点・改善点を見出したりすることができ、そうして初めて“学び”になるのです。だからこそ、日々の気付きを事細かく実習日誌に記録するよう伝えているのです。園および施設内で日々起こる事象は教科書に記載されていないことが山ほどあります。記憶から忘れ去るのではなく、しっかりと記録して振り返り、保育者としての資質・能力の向上へとつなげていきましょう。

①日々の振り返り

繰り返しになりますが、日々の振り返りの際、重要な役割を果たすのが「実習日誌」、「実習記録」です。自分で設定した目標や課題に対して、達成することができたのか、できなかったのか反省を踏まえて評価することで、翌日の活動がより充実し保育者としての気付きがどんどん増えていきます。すなわち、実習が進むにつれて振り返りで得た気付きや反省が、翌日の目標や課題となることが多くあるのです。保育者も子どもたちも何かしらの目的があって行動をとります。その際、「どうしてこのような行動をとったのかな」と考えてみることで、相手の気持ちや行動の意味に気が付くことが可能となります。また、その経験はエピソード記録として実習日誌に記録することもできるでしょう。

② 指導計画の振り返り

指導計画実践後、評価し、改善につなげることが重要であり必要であることを話してきました。これらの振り返りの視点には以下のようなことが挙げられます

(表2-1)。

表中、a．bは子どもの育ちに関して、c～eは保育者の動きに関しての振り返りです。この2つの視点は実習だけでなく、免許状・資格を取得した後、保育者として勤めてからの保育の振り返りにおいても同様であるため、常に頭の中に入れておく必要があります。

表2-1　振り返りの視点

a	ねらいを達成することはできたか
b	子ども一人一人の気持ちを大切にできたか
c	子どもにとって適切なねらいであったか
d	活動の流れ、環境構成は適切であったか
e	配慮や事前準備は十分であったか

指導計画案には、実施した後の省察を書く部分があります。そこには反省ばかりではなく、子どもたちがどんな表情でどんなふうに楽しんでいたのかというプラスの部分も書いておくといいでしょう。

③ 実習最終日の反省会

実習最終日には、実習全体を振り返ったり、園長をはじめ実習担当や実習でお世話になった諸先生方から講評をいただく反省会が行われたりすることが多いです。そのため、反省会までに実習を通して学んだこと、これから保育者として活躍するにあたっての反省・改善点などをまとめておくとよいでしょう。当たり前のことですが、先生方の助言は真摯に受け止め、聞き流すのではなくメモを取り、これからに活かしていくという前向きな姿勢が大切です。

また反省だけを述べるのではなく、実習期間中に経験をした「うれしかったこと」、「感動したこと」なども伝えるようにしましょう。実習生を迎える園や施設の保育者は、忙しい中、後輩を育てるという使命感から迎え入れてくださっています。そのため、反省会の際にはしっかりと感謝の言葉を添えて挨拶をしましょう。

(2) 実習終了後の総まとめの書き方

実習、反省会を終えた後にすべきことは総まとめです。実習日誌に日々の記録を記し提出してきたと思いますが、実習後に正しく自己分析と評価を行い、実習生としての課題を見つけ、できるだけ早い時期にその課題を克服することが重要です。

まとめの書き方が難しいと感じる方は、たとえば1週目、2週目と実習を通して学んだことを1週ごとにまとめておけば、最終的に総合して書くことができるでしょう。あるいは配属されたクラスの年齢ごとでもよいですし、見学・観察実習、参加実習、部分実習、責任実習というくくりで、学んだことをまとめてもいいでしょう。最後に実習を行わせていただいた感謝の気持ちを一言入れましょう。

すでに提出したページの再確認をするとともに、実習の反省や自己評価欄・全体を通しての学びなど全てを記入します。その中で、忘れてはならないのが実習前に考えた「自己課題」です。実習を通して、その自己課題を達成することができたか否か、また新たな課題が見つかったか否か、そういった点をおさえて日誌に書くことが大切です。

実習最終日までに実習園・施設の実習担当者に相談し、完成した日誌の提出期日を決めておきましょう。事前オリエンテーションに伺ったときと同様に、ご迷惑をおかけしない日時に場を設けていただき、失礼のない服装・身だしなみを心がけてうかがいましょう。

遠隔地の場合は実習日誌を特別に郵送などで提出させていただく場合もあるので、提出方法については必ず実習園・施設と確認を取ってください。

（3）お礼状について

実習園・施設は、保育者を育てるために多忙な中、実習生を受け入れてくださっています。保育現場に出れば分かることですが、実習生を受け入れることは、負担が増すことはあっても楽になることはありません。よく実習生が「掃除ばかりしていた。掃除の負担が減って実習先の先生たちは楽になったに違いない」というような感想を漏らしますが、実習生への指導の負担（保育者としての基本事項の伝達、日誌や指導計画案添削、振り返り反省会でのアドバイスなど）の方が大きいといえるでしょう。

そんな中、保育現場がなぜ実習生を受け入れているかというと、そこの先生方もかつて実習生であった（受け入れてもらった）から、また同じ保育者を目指している学生を応援したいという気持ちがあるからです。

実習を受けてもらった感謝の気持ちを表すためにも、実習でお世話になった実習園・施設には実習終了後７日以内に実習先の園長（施設長）宛て（実習担当者の氏名を併記しても良いです）にお礼状を送りましょう。もちろん、実習最終日にも直接感謝の気持ちを伝えていると思いますが、少し時間が過ぎてから改めて感謝の気持ちをお伝えすることが大切です。

お礼状についてはいくつか留意すべきポイントがあるので、確認していきましょう。

① 形式について

a. お礼状は横書きではなく、縦書きで書きましょう

b. 手書きで丁寧な文字を心がけましょう

c. 封筒は白無地、和封筒、二重タイプに入れるようにしましょう

d. 便箋を折る場合、片観音折りにしましょう
e. 感謝の気持ちを忘れずに、自分の言葉で書くようにしましょう
f. 実習で得たこと、学んだことを踏まえながら書きましょう
g. 実習で得たことを今後、どのように活かしていくか述べましょう

② 文章上の注意について

手紙の書き出しは季節を感じる挨拶文、いわゆる時候の挨拶を書きます。間違っても、自分を表す言葉（私は～、私たちは～）を行の始めに置いてはいけません。表2-2に「二十四節気」を示します。「二十四節気」とは立春、春分、夏至など、季節を表す言葉として用いられており、一年を春夏秋冬の4季節にわけ、さらにそれぞれを6つに分けたものです。ただ、二十四節気は目安となる日づけ以外は用いることはできません。季節の変わり目の参考とし、一般的な時候の挨拶（表

表2-2　二十四節気

季節	二十四節気名	月	新暦の日付
春	立春	1月節	2月4日頃
	雨水	1月中	2月19日頃
	啓蟄	2月節	3月5日頃
	春分	2月中	3月21日頃
	清明	3月節	4月5日頃
	穀雨	3月中	4月20日頃
夏	立夏	4月節	5月5日頃
	小満	4月中	5月21日頃
	芒種	5月節	6月6日頃
	夏至	5月中	6月21日頃
	小暑	6月節	7月7日頃
	大暑	6月中	7月23日頃
秋	立秋	7月節	8月8日頃
	処暑	7月中	8月23日頃
	白露	8月節	9月8日頃
	秋分	8月中	9月23日頃
	寒露	9月節	10月8日頃
	霜降	9月中	10月24日頃
冬	立冬	10月節	11月7日頃
	小雪	10月中	11月22日頃
	大雪	11月節	12月7日頃
	冬至	11月中	12月21日頃
	小寒	12月節	1月5日頃
	大寒	12月中	1月21日頃

表2-3　時候の挨拶

月	時候の挨拶
1月	・初春の候　・寒冷の候 ・例年にない寒さが続いておりますが
2月	・残雪の候 ・立春とは名ばかりの寒さが続いておりますが（立春以降）
3月	・早春の候　・春暖の候 ・寒暖定まらぬこの頃
4月	・花冷えの候　・春爛漫の候 ・行く春なごりをとどめ
5月	・晩春の候 ・若葉が目にしみるこの頃
6月	・梅雨の ・初夏の候
7月	・盛夏の候　・酷暑の候 ・蝉時雨の季節
8月	・残暑厳しき折（立秋以降） ・納涼の候
9月	・初秋の候 ・初秋のみぎり
10月	・紅葉の候　・実りの秋 ・天高く馬肥ゆる秋
11月	・晩秋の候 ・小春日和のこの頃
12月	・初冬の候　・師走の候 ・冬枯れの季節 ・光陰矢のごとし ・今年も残り少なくなりました

2-3）を用いるとよいでしょう。

近年、手紙を送付するという経験が少ない人が増えており、切手の貼り忘れなどもよく聞きます。また切手代の値上げなども頻繁にありますので、封書をポストに投函するのではなく、郵便局で切手の値段を確認してもらって出すと確実です。もう１点気を付けるポイントがあります。それは差出人の住所です。学生個人の住所を園に残さないためにも、学校の住所と学生氏名を書くようにしましょう（実習園・施設に提出した住所等が書かれた実習生個人票は実習終了後に破棄もしくは養成校に返却となっています）。

（4） 実習における評価

実習生として、一生懸命に頑張った実習について、自分はどのような評価をもらったのか気になるところでしょう。しかし自分への評価を気にしながら実習をすることはお勧めできません。過去には日誌に自分がどう頑張ったかという点ばかりを書いたことで、逆に実習の評価が低くなってしまったケースもあります。したがって、実習中は無心で自分のもてる力全てを出し切るつもりで行い、評価は後から付いてくるという気持ちで頑張ってほしいと思います。

そして実習園・施設からの評価表についてですが、一般的に学生に直接渡されるものではなく、養成校の実習指導教員に送られる形となります。そして実習先からの評価をそのまま学生に見せる養成校と、そうでない養成校があります。ある養成校では直接評価を見せることはしないものの、実習事後指導の個人面談の中で、評価の内容を口頭で知らせるような方法をとっています。また実習先からの評価と、あらかじめ学生に付けてもらった自己評価との見比べを行うケースもあります。そういった作業を経て、学生が実習前に決めていた「実習目標」の達成ができたか、また新たな自己課題は見つかったかという確認をしていきます。

（5） 実習終了後の省察と事後指導

実習期間中に日誌を記入しながら、あるいは子どもたちの降園後に保育室の清掃や翌日の準備をしながら、その日の子どもたちとの関わりや保育を振り返り「このように対応すればよかった」、「明日はもう少し変えてみよう」など様々な場面を思い返しながら反省を繰り返してきたと思います。

また、実習が終わる際には反省会の場を設けていただき、実習に対する取り組みや子どもたちとの関わり、部分実習・責任実習の展開等についてご指導いただいたことと思います。実習中は無我夢中で見落としていたポイントがあったとしても、実習を終えホッと一息ついたときに見えてくるポイント（気付き）があるかもしれません。後から子どもの、あるいはクラス担任の行動の「意味」を読み取れることもあります。

このように、子どもの姿から実習生としての自分の対応は適切であったのか、またそれがその子どもにとってどのような「意味」をもっていたかなど、自問自答（自己内対話）を積み重ねることを保育業界では「省察」と呼んでいます。具体的な場面を通して経験した「省察」を繰り返していくことが実習でしか得られない特別な学びとなります。

この「省察」を深めるのに必要なのが、養成校における実習事後指導です。実習事後指導の内容は、各養成校によって様々です。通常それぞれの学生が実習先でどんな学びをしたのかの振り返りになるでしょう。ある養成校では、学生たちに何歳児クラスで責任（部分）実習を行ったか聞き取り調査をし、５歳児・４歳児・３歳児・縦割りとグループ分けをしています。そのグループで自分はどんな内容で責任（部分）実習を行い、どんな学びがあったかを共有するわけです。最後にグループごとの発表を行います。他の学生の学びと省察を聞くことで、実習に関する理解度がより深くなることでしょう。

実習を行ってきた仲間との話し合いをもとに、そして実習中に得た経験をもとに 巻末ワーク10 を行い、自己課題を見つけてみましょう。

養成校としては、実習事後指導をもって学生指導が終了すると考えているわけではなく、実習事後指導の日から卒業までの短い間に、その自己課題を克服できるよう支援するところがほとんどです。実習をすべて終えてから就職活動に入る学生も多いです。就職活動を進めるとともに、実習で得た自己課題を学校に所属しているうちに、先生方の援助が得られるうちに、克服していけるよう努めましょう。

第3章 実習園・実習施設の理解と子ども理解の基本

この章の学びポイント

- 教育・保育施設等の基本を知る
- 自分の子ども観を見つめる
- 障害と保育について学ぶ

1. 子ども理解の基本となる考え方

（1）保育者の倫理と危機管理

保育所保育指針では「子どもの最善の利益を考慮し、人権に配慮した保育を行うためには、職員一人一人の倫理観、人間性並びに保育所職員としての職務及び責任の理解と自覚が基盤となる。(略)」とあります[1)]。子どもが家族以外の人と多くの時間を過ごすのが保育者です。何気ない言葉や行動が子どもに与える影響は大きくなります。また、保育をするうえで子どもの情報や保護者や家庭環境などの情報は必要なものであり、取り扱う機会が多くなります。また、子どものみならず保護者に対する影響もあります。そのため保育者には高い倫理観が求められます。保育者としての知識や技能は高い倫理観があって初めて効果を発揮するといっても過言ではありません。また、倫理観が働けば不適切な保育につながることもありません。

全国保育士会倫理綱領（巻末参照）では前文で保育者の基本姿勢を示しており、「子どもの最善の利益の尊重」、「子どもの発達保障」、「保護者との協力」、「プライバシーの保護」、「チームワークと自己評価」、「利用者の代弁」、「地域の子育て支援」、「専門職としての責務」のこれら８か条で保育士の使命と責務について定められています[2)]。同じように全国児童養護施設協議会倫理綱領でも「子どもの利益を最優先した養育」、「子どもの理解と受容、信頼関係」、「子どもの自己決定と主体性の尊重」、「子どもと家族との関係を大切にした支援」、「子どものプライバシーの尊重と秘密を保持」、「子どもへの差別・虐待を許さず、権利侵害の防止」、「最良の養育実践を行うために専門性の向上」、「関係機関や地域と連携」、「地域福祉への積極的な参加と協働」、「施設環境および運営の改善向上」、が定められており、行動指針となっています[3)]。他にも社会福祉士の倫理綱領、乳児院倫理綱領、全国母子生活支援施設協議会倫理綱領など保育者として関係のある資格、施設において、それぞれの専門性を考慮した倫理綱領が定められています。

教育・保育施設における危機管理は多岐に渡ります。また、保育所保育指針では生命の保持について述べられています。『「生きる力」を育む学校での安全教育』では「人々の生命や心身等に危害をもたらす様々な危険や災害が防止され、万が一事故等が発生した場合、発生が差し迫った状況において、被害を最小限にするために適切かつ迅速に対処すること」が危機管理とされています[4)]。①事前の危機管理（予防）②個別の危機管理（命を守る）③事後の危機管理（復興・復旧する）といった流れで捉えられています[5)]。この3つの流れは事故や災害のみならず、近隣住民との関係、保護者同士や保護者と園・施設といった保護者に関する問題、プライバシーや情報の漏洩、SNSの炎上といったトラブルが起こったときにも当てはまるものです。倫理について、危機管理について自分の考えをしっかりともったうえで実習に臨みましょう。

（2）幼稚園の子どもたち

幼稚園は法律上、学校になります。その目的は「幼稚園は、義務教育及びその後の教育の基礎を培うものとして、幼児を保育し、幼児の健やかな成長のために適当な環境を与えて、その心身の発達を助長することを目的する」とされています[6)]。

2017年に『幼稚園教育要領』、『保育所保育指針』、『幼保連携型認定こども園教育・保育要領』が改訂され、大きな変更がなされました。この３つの施設で行われる保育のうち３歳以上に対して行われる保育活動が基本的には「幼児教育」として扱われることになりました。義務教育修了時点や18歳になったときに“このように育ってほしい”という考えや、また、18歳以降も成長できる人になるためにはどうすれば良いかという考え（生きる力）のもと幼稚園、小学校、中学校、高等学校で行われる教育に軸がつくられました。小学校、中学校、高等学校での教育は「幼児期に育まれた」感性や思考、心情等を基に展開されます。この感性や思考、心情を「資質・能力」といい、幼児期の資質・能力は3つ示されています[7)]。

①「知識及び技能の基礎」豊かな体験を通じて、感じたり、気付いたり、分かったり、できるようになったりする。
②「思考力、判断力、表現力等の基礎」気付いたことや、できるようになったことなどを使い、考えたり、試したり、工夫したり、表現したりする。
③「学びに向かう力、人間性等」心情、意欲、態度が育つ中で、よりよい生活を営もうとする。

これらは保育内容5領域を通して育まれるものです。保育活動全体を通じて様々な体験をし、何がどのように育まれていくのか、育ってほしい姿を具体的に示したものが「幼児期の終わりまでに育ってほしい10の姿」(著者要約) です[8)]。

①**健康な心と体**……自ら健康で安全な生活をつくりだすようになる。
②**自立心**……自分の力でやり遂げる体験などを通じて自信をもって行動するようになる。
③**協同性**……友達と一緒に目的の実現に向けて考えたり協力したりするようになる。
④**道徳性・規範意識の芽生え**……よいことや悪いことが分かり、相手の立場に立って行動するようになる。きまりを守ったりするようになる。
⑤**社会生活との関わり**……家族を大切にしたり、身近な人と触れ合って地域に親しみをもったりするようになる。遊びや生活に必要な情報を役立てて活動したり、公共施設を利用して、社会とのつながりを意識したりするようになる。
⑥**思考力の芽生え**……身近な事象から物の性質などを感じ取ったり、予想したりして、多様な関わりを楽しむようになる。
⑦**自然との関わり・生命尊重**……自然への愛情や畏敬の念をもつようになる。生命の不思議さなどに気付き、動植物を大切にするようになる。
⑧**数量や図形、標識や文字などへの関心・感覚**……遊びや生活の中で、数量や図形、標識や文字などに親しんだりして、興味や関心、感覚をもつようになる。
⑨**言葉による伝え合い**……経験したことなどを言葉で伝えたり、話を聞いたりして、伝え合いを楽しむようになる。
⑩**豊かな感性と表現**……心動かす出来事に触れ、感じたことを表現して、表現する喜びを味わい、意欲をもつようになる。

この「幼児期の終わりまでに育ってほしい姿（10の姿)」は子どもを評価する基準ではありません。発達などの個人差もありますが、この10の姿を念頭にした保育がされることで小学校以降の生活や学習の基盤となる資質や能力が育てられます（アプローチカリキュラム)。小学校側も10の姿を踏まえた教科教育の指導が行われます（スタートカリキュラム)。これは幼稚園等の保育者と小学校の教員がもつ５歳児の姿の共有でもあり、小学校教育との接続を円滑、強化するものです。実習園で小学校との接続をどのように考え、カリキュラムをつくっているかという点を確認し、実習後にディスカッションしてみましょう。

（3）保育所・認定こども園の子どもたち

保育所保育指針における保育所の役割は「保育所は、児童福祉法（昭和22年法律第164号）第39条の規定に基づき、保育を必要とする子どもの保育を行い、その健全な心身の発達を図ることを目的とする児童福祉施設であり、入所する子どもの最善の利益を考慮し、その福祉を積極的に増進することに最もふさわしい生活の場でなければならない」と示されています。この目的を達成するために「専門性を有する職員による保育」、「家庭との連携」、「発達過程」、「環境を通して行う保育」、「養護と教育の一体性」が謳われています[1)]。「子どもの最善の利益」は平成６年に日本政府が同意した児童の権利に関する条約（子どもの権利条約）でも定められており、子どもの権利を表す言葉として浸透しています。2016年に児童福祉法が改正され、第1条において児童の権利に関する条約の精神にのっとり、適切に養育、生活を保障、愛されること、保護されること、心身の健やかな成長及び発達並びにその自立が図られること、その他の福祉を等しく保障される権利が述べられました[9)]。これまでは子どもが児童福祉の対象であったものが児童福祉を受ける権利の主体となりました。

認定こども園の種類は４つに分けられます。幼保連携型認定こども園は学校および児童福祉施設です。設置は国、自治体、学校法人、社会福祉法人のみとなり株式会社などは設置することはできません。そこに勤める保育者は保育教諭という職名で原則、幼稚園教諭と保育士資格が必要となります。幼稚園型認定こども園は学校ですが保育所の機能ももちあわせています。国や自治体、学校法人が設置します。保育所型認定こども園は児童福祉施設ですが幼稚園の機能ももちあわせています。設置の制限はありません。どちらのこども園でも満３歳以上の保育に関わる際は幼稚園教諭と保育士資格が望ましいとされますが、どちらか一方でも可とされています（ただし保育所型認定こども園で満３歳以上の教育相当時間以外の保育に携わる場合は保育士資格が必要)。満３歳未満の保育に関わる場合は保育士資格が必要となります。地方裁量型認定こども園は幼稚園の機能と保育所の機能をもっています。

教育・保育を利用する子どもについて３つの認定区分を設定しています。それぞれ１号認定、２号認定、３号認定に区分されます。１号認定は教育標準時間認定、満３歳以上の子どもになり、認定こども園や幼稚園を利用します。2号認定は保育認定（標準時間・短時間)、満３歳以上の子どもになり、認定こども園や保育所を利用します。３号認定は保育認定（標準時間・短時間)、満３歳未満の子どもになり、認定こども園や保育所、地域型保育を利用します[10)]。

区分があるということは、子どもによって降園時間がまちまちで、それぞれの子どもたちがもつ家庭の背景も様々だということです。保育者が何に気を付けて保育をしているかという点を観察していきましょう。

（4）児童福祉施設の子どもたち

児童福祉法では「全て児童は、児童の権利に関する条約の精神にのっとり、適切に養育されること、その生活を保障されること、愛され、保護されること、その心身の健やかな成長及び発達並びにその自立が図られることその他の福祉を等しく保障される権利を有する」とあります。また、この法律では児童を満18歳未満のことをいい、さらには満１歳に満たない子どもを乳児、満１歳から小学校に就学するまでの子どもを幼児、小学校就学から満18歳に達するまでの子どもを少年としています。障害児は身体に障害のある児童、知的障害のある児童、精神に障害のある児童、治療方法が確立していない疾病その他の特殊の疾病で障害の程度が厚生労働大臣が定めた程度の児童を障害児としています。保護者は親権を行うもの、未成年後見人その他の者で、児童を現に監護するものとされています。

同法第７条によると児童福祉施設とは、助産施設、乳児院、母子生活支援施設、保育所、幼保連携型認定こども園、児童厚生施設、児童養護施設、障害児入所施設、児童発達支援センター、児童心理治療施設、児童自立支援施設、児童家庭支援センター及び里親支援センターとなっています[11)]（詳細は第８章)。保育実習Ⅰ（施設）並びに保育実習Ⅲで実習を行う施設は乳児院、母子生活支援施設、児童厚生施設、児童養護施設、障害児入所施設、児童発達支援センター、児童心理治療施設、児童自立支援施設がほとんどとなります。

施設における保育士の役割は①日常生活支援、②相談援助業務、③家事的業務、④学習支援･余暇支援、⑤健康観察、⑥環境整備･安全管理、⑦社会生活準備支援、⑧退所後支援、⑨その他業務（『児童養護施設運営ハンドブック』より）が例としてあげられます[12)]。

施設と一口にいっても成り立ちや目的、入所者（施設利用者）の特性も様々です。施設実習に行く前には、「社会的養護」や「障がい児保育」などのテキストを読み返し実習施設について十分な予習を行い、実習目的を定めて臨みましょう。

近年、児童虐待の相談対応件数の増加など子育てに困難を抱える世帯が顕在化している状況を踏まえ、子育て世帯に対する包括的な支援のための体制が強化されました。2022年の児童福祉法改正では市区町村は全ての妊産婦・子育て世帯・子どもの包括的な相談支援等を行うこども家庭センターの設置や保育所等の身近な子育て支援の場における相談機関の整備に努めることとし、こども家庭センターは支援を要する子どもや妊産婦等への支援計画や支援へつなぐ役割を担うこととしました。また訪問による支援、児童の居場所づくり、親子関係形成の支援などを行う事業の新設。児童発達支援センターが地域における障害児支援の中核的役割や障害種別に関わらず支援できるよう福祉型と医療型の一元化が行われました。こういった近年の法整備についてもおさえておきましょう。

2. 乳幼児の理解

（1）子どもを観察すること、観察ポイントについて

保育者として働く際、子どもの考えや行動に対して理解や共感をすることは重要なことです。あわせて、子どもの発達に応じた支援や援助を行うためにも子どもを観察するということも重要です。観察することで個人がもっている個性や能力の兆しに気付くことができます。また集団としてはクラスで流行っている遊びを知ることもできます。また、子ども個人やクラスを観察する中でどのような言葉や友達関係があるのかを知ることで記録をする際の手助けにもなります。観察の際、ポジティブな側面のみを見るのではなく、子どもにとってのネガティブな部分も見ることが必要です。子どもの様子から何が不安なのか、なぜ不機嫌なのかを知ることでそういった感情をもつ機会や原因を減らし、共感したり寄り添ったりできるからです。

子どもを観察するポイントはいくつかあります。分かりやすいのは視線や表情、聴覚、味覚、嗅覚、運動、発語などです。これらは単発で行われるものではありません。視線の先にあるもの、視野に入っているものに対して興味をもち表情として行動として現れます。子どもによって感触、音、におい、味に対しても好き嫌いがあって当然です。各々の子どもが何に対して興味・関心をもっているのか、また、それが発達に応じた反応なのかを把握するうえでは大切な部分です。

現場ではクラス（集団）があり、その中に子ども個人が存在します。集団や子ども個人の行動や人間関係などの見える部分と心情などの見えない部分があります。子どもたちを見る際はクラスにしても子ども個人に対しても、どうしても表面的な現象を見てしまいます。目に見えるものを観察することもとても大事です。たとえば、これまで一人で排泄できなかった子どもが、ある日一人でできるようになったというのは成長を見られたということになり、他者から見て分かりやすい変化です。

見えない部分とは、たとえば「A君という子がいます。フラフープで遊ぶとき、みんなはフラフープを回そうとしています。A君はフラフープを回す姿勢になりますが、回さずにフラフープ“と”一緒にジャンプして回っています。別の日には台車で遊びました。みんなは台車に乗って漕ぐように進んで楽しんでいますが、A君は台車にうつ伏せで乗ると手を使いグルグルと駒のように回っています」と、このような状況があったとします。

フラフープを使った遊びだけで見るとA君はフラフープ“を”回すのではなく“と”回りたかったのかもしれません。しかし、後半の台車を使った遊びを2つセットで見るとA君は回る、転回するという感覚が好きなのかもしれません。子どもを見る際には“何を（誰と）”、“どのようにして”遊んでいるか（関わっているか）という視点で子ども個々人を見ると前述した見えない部分に気付きやすくなります。また、集団（クラス）の見えない部分は園の方針や担任の保育者が与える影響が強いといわれています。図3-1を参考に「見えない」部分について自分なりに考えてみましょう。

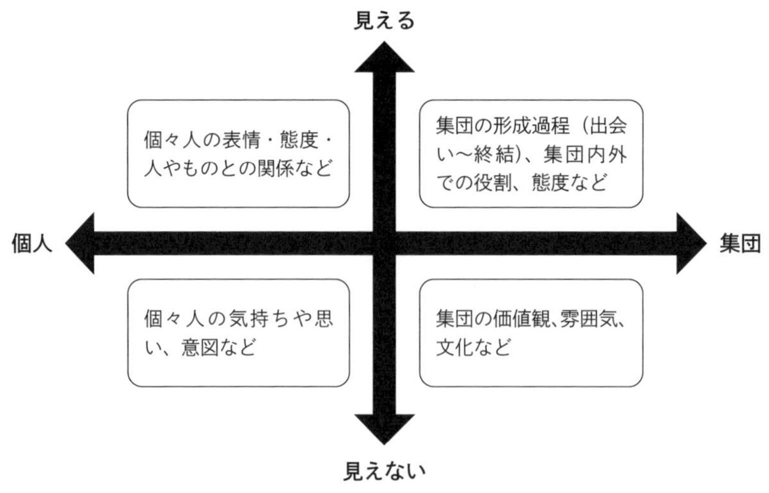

図3-1　観察・記録する事象の構造的な把握[13)]

（2）自らの子ども観を見つめる

保育所保育指針解説第1章保育所保育に関する基本原則（2）保育の目標において「（略）一人一人の保育士等が自分自身の保育観、子ども観と照らし合わせながら深く理解するとともに、保育所全体で共有しながら、保育に取り組んでいくことが求められる」と示されています[14)]。保育観、子ども観という言葉が出てきています。

「あなたにとって子どもとは？」この回答が子ども観です。子ども観とは大人がもっている子どもに対する見方、考え方と捉えられることが多くあります。子ども観は人それぞれです。“子どもはかわいいものだ”と思う人もいれば“子どもは何もできなくて当たり前だ”と思う人もいます。

子ども観の形成は国、文化や宗教的要素が影響します。集団での生活、行動を求める文化と個人主義的な文化では子どもに対する捉え方は違います。日本とアメリカの子ども観は違うかもしれませんし、アメリカとヨーロッパの子ども観も違うかもしれません。また、時代によっても子ども観は変化します。現在はグローバル社会なので前述したいろいろな文化や価値観を知る機会が多くなっています。昭和の子ども観と令和の子ども観は社会情勢の変化とともに、その傾向は変わっているはずです。また、保育者個人がどのように成長し、どのような環境で生活してきたのかという個人的な側面も影響を与えます。厳格な保護者や個性重視な先生など、これまでの人生の中で自身に影響を与えた人物の思考に近い捉え方をしているかもしれません。

子ども観と似ているものとして“保育観（教育観）”というものがあります。保育所保育指針解説で「保育観、子ども観と照らし合わせながら」とありました。また、前項で「集団（クラス）の見えない部分は園の方針や担任の保育者が与える影響が強い」とありましたが、それはこの“保育観”が影響しているからです。まず“子どもも社会の一員だ”という子ども観があり、“それをもとにこのような保育を行おう、子どもと関わろう”という保育観になるわけです。

したがって、子ども観は保育者の数だけあるといっても過言ではありません。大事なのは自分の子ども観を否定しないことです。また、人は日々成長しますので、保育を学ぶ中で、もしくは現場で勤務経験が上がったり、尊敬する保育者からの影響を受けたりすることによりその子ども観に変化が生じることも十分あり得ます。また協働する中で、他者の子ども観を知ることも大事です。他者との対話は自分では気付かないことに気付ける機会です。もう一つは自分の子ども観をもちつつも子どものありのままを受け入れることです。自分の子ども観に子どもをあわせようとすることがないよう気を付けましょう。

（3）専門家としての視点をもつ

『保育所保育指針解説』の保育の実施に関わる配慮事項の中に『(略) 一人一人の発育及び発達の状態、通常の健康状態をよく把握したうえで、常に心身の状態を細かく観察し、疾病や異常は早く発見し、速やかに適切な対応を行うことが必要である。観察に当たっては、機嫌・顔色・皮膚の状態・体温・泣き声・全身症状など様々な視点から、複数の職員の目で行うことも大切である』と記載されています[15)]。このような健康状態を把握することは安全に保育活動を展開するうえではとても大切です。

たとえば登園したときの様子（視診）についてです。ただ登園する子どもに対して「おはよう」のあいさつや声がけだけで終わることなく、その短いやり取りの中で子どもの変化や様子を知るサインはたくさんあります。同じ服装で登園する子どもがいた場合、その服装が子どもにとってお気に入りの服装なのか、それともその服装しか着られない状態（虐待が疑われる状態）なのか、保育者の気付きや見方でその後の対応が大きく変化します。

発達と照らし合わせて子どもの様子を見ることも専門家としての視点になります。子ども個人、遊び、日常生活などを観察します。子ども個人とは身体、認知、社会性、情緒があげられます。身体の発達は体の大きさを示す身長や体重、粗大運動と微細運動の運動能力面も含まれます。認知の発達は、言葉の発達や物事への興味・関心などです。社会性の発達は友達や大人などの他者との関わり方などです。情緒の発達は自己肯定感や喜怒哀楽などです。

遊びはどのような遊びが好きか、どのような遊び方をしているか、遊びの中でどのような行動をとっているかなどです。発達の過程で遊び方は変化します。一人遊び⇒傍観⇒並行遊び⇒共同遊び⇒組織的遊びへと変わっていきます。こういった遊び方の中で遊んでいるときの表情や態度、ルールや役割などの取り組みが見られます。その中で、遊びを通じ友達との関わり方や関係性の変化の人間関係も見られます。他にも遊具や道具の使用、遊びのアレンジなど環境や内容も変化します。遊びを見ると上述した微細運動や認知、社会性、情緒のたくさんの情報が子どもから得ることができます。

日常生活は着替えや排泄、食事の場面などです。保育所保育指針の健康の内容の取扱い④では「食事、排泄、睡眠、衣類の着脱、身の回りを清潔にすることなど、生活に必要な基本的な習慣については、一人一人の状態に応じ、落ち着いた雰囲気の中で行うようにし、子どもが自分でしようとする気持ちを尊重すること。また、基本的な生活習慣の形成に当たっては、家庭での生活経験に配慮し、家庭との適切な連携の下で行うようにすること」と記載されています[16)]。家庭とは違う環境では普段できていることができない、あるいは時間がかかってしまうこともあるかもしれません。特に排泄などは環境が変わればタイミングも変わるかもしれません。着替えも周りに友達がいる状況に慣れていないかもしれません。普段できていること、どの程度までなら一人でできるかなどの情報を保護者に確認することも大切です。また、普段できていることができない場合は“なぜできないのか”ということを考えます。できなかったことができるようになったときの表情も大切な情報です。他にはできないことに対して、子どもが自発的に取り組むようになった心情や理由も考えます。

食事の場面においても何から食べ始めるのか、食べるペースや食べ物への興味や関心を知ることで個にあわせた援助ができます。言葉の発達の点においても同様で、できないことを指摘するのではなく子どものペースにあわせて支援、援助していきます。それが保育者として子どもを見る視点の一つです。

実習に行く前に色々なテキストを読み返し、専門家としての視点をもって実習に臨めるといいですね。

3．障害のある子どもの理解

(1)「障害」とは

我々が障害と聞くと身体障害、知的障害、精神障害、発達障害などが思い浮かぶと思います。障害には生まれたときから障害を抱えていることを指す先天性障害と生まれたときに障害はなくとも事故や後遺症などの理由により障害を抱える後天性障害があります。

日本では障害を心身の機能の不具合、不全の状態を障害と捉えていました。障害を個人の問題として扱いその困難な状況をどのように乗り越えるか、克服するかという考え方です。簡単に述べると“本来は動くはずの身体の部位が正常に動かない、それではできる限り正常に戻るように治療しよう、療法を試みよう、当人の頑張りが重要です”という捉え方です。それとは別に障害は社会環境も含めて作り出されるという捉え方もあります。障害があっても社会環境を整えようという考え方です。たとえば“足に障害がある車いす利用者にとって足が動かないことが障害ではなく、車椅子が利用しづらい、できない環境を何とかしよう、段差という障害を解消しよう”という捉え方です。

世界保健機関はこの2つの考え方をICF(国際生活機能分類)として2001年に1つにまとめました。これは何らかの原因で「心身機能・身体構造」、「活動」、「参加」が制限されていることを障害（健康状態への影響）と捉えました。そして制限されている理由を「環境因子」と「個人因子」にあるとしました（図3-2参照）。

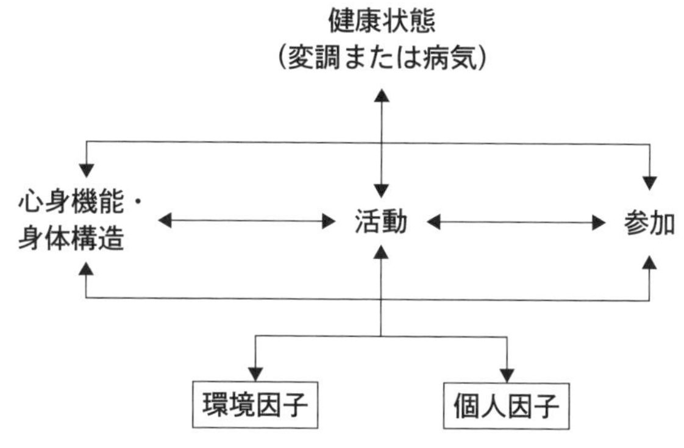

図3-2　ICF生活機能分類[17)]

（2）障害のある子どもをどう捉えるか

障害のある子どもはよく「気になる子ども」として扱われることがあります。この「気になる子ども」は必ずしも障害があるとも限りません。というのもまだ診断が出ていない可能性もあります。また、発達が他の子どもより遅いのかもしれません。発達が遅いのであれば「気になる子ども」の“気になる部分”のほとんどは時間が解決してくれます。障害のある子どもに対しても気になる子どもに対しても先入観をもたないということが大事です。それは支援の仕方も同じです。

たとえば注意欠如・多動症（ADHD）の子どもに対して“ADHDの子どもは○○の傾向があるから▲▲の支援をしよう”ではありません。同じ診断名の障害があっても個人差があります。子どもの障害の特性、状態、発達の程度を把握することが大事です。障害があるからできないと決めつけるのもいけません。過剰な配慮は子どもの成長にはつながらないので、子どもの“何ができて”、“何ができないのか”、“何に困っているのか”を知り適切な援助をすることが大切です。ただし、マイナスの部分ばかりに目を向けすぎないように注意が必要です。

保育者から見て障害児は困った子どもではなく、困っている子どもとして対応していくことが求められます。

（3）障害児保育について

障害児保育は大きく分離教育と統合保育、インクルーシブ保育に分けることができます。分離教育は障害のある子どもだけで保育をする方法です。障害児施設や特別支援学校幼稚部などで行われています。幼稚園、保育所、認定こども園で行われる統合保育は障害のある子どもと障害のない子どもを同じ空間で保育する方法です。分離教育ではできない体験ができるので子どもの成長に対して多様な刺激を与えます。それに対してインクルーシブ保育は年齢、性別、国籍（子どものルーツを含む）、障害のあるなしに関わらず全ての子どもに対して必要な支援、配慮（合理的配慮）がされる方法です[18)19)20)]。

それでは障害のある園児への指導について教育・保育施設ではどのように行われているでしょうか。幼稚園教育要領では「障害のある幼児などへの指導に当たっては、集団の中で生活することを通して全体的な発達を促していくことに配慮し、特別支援学校などの助言又は援助を活用しつつ、個々の幼児の障害の状態などに応じた指導内容や指導方法の工夫を組織的かつ計画的に行うものとする。また、家庭、地域及び医療や福祉、保健等の業務を行う関係機関との連携を図り、長期的な視点で幼児への教育的支援を行うために、個別の教育支援計画を作成し活用することに努めるとともに、個々の幼児の実態を的確に把握し、個別の指導計画を作成し活用することに努めるものとする」とされています[21)]。

幼保連携型認定こども園教育・保育要領では「障害のある園児などへの指導に当たっては、集団の中で生活することを通して全体的な発達を促していくことに配慮し、適切な環境の下で、障害のある園児が他の園児との生活を通して共に成長できるよう、特別支援学校などの助言又は援助を活用しつつ、個々の園児の障害の状態などに応じた指導内容や指導方法の工夫を組織的かつ計画的に行うものとする。また、家庭、地域及び医療や福祉、保健等の業務を行う関係機関との連携を図り、長期的な視点で園児への教育及び保育的支援を行うために、個別の教育及び保育支援計画を作成し活用することに努めるとともに、個々の園児の実態を的確に把握し、個別の指導計画を作成し活用することに努めるものとする」と示されています[22]。

保育所保育指針では「障害のある子どもの保育については、一人一人の子どもの発達過程や障害の状態を把握し、適切な環境の下で、障害のある子どもが他の子どもとの生活を通して共に成長できるよう、指導計画の中に位置付けること。また、子どもの状況に応じた保育を実施する観点から、家庭や関係機関と連携した支援のための計画を個別に作成するなど適切な対応を図ること」と記載されています[23]。表3-1を見ると分かるように、それぞれで「集団の中の生活」、「他の子どもとの生活」と他者との関わりを通した発達や成長ができるような関わりが求められているのです（表3-1参照）[1)7)24)]。

表3-1　教育・保育施設における障害のある子どもへの指導・保育について

幼稚園教育要領解説	幼稚園の機能を活かし、生活の場と人間関係を大切にしながら、その幼児の発達を全体的に促していく。幼児の障害の種類や程度などを的確に把握し、幼児の障害の状態などに応じた適切な指導を行う。
幼保連携型認定こども園教育・保育要領解説	幼保連携型認定こども園の機能を活かし、生活の場と人間関係を大切にしながら、子どもの障害の状態に応じて発達を全体的に促していく。障害の種類や程度を的確に把握し、障害のある園児などの「困難さ」に対する「指導上の工夫の意図」を理解し、個に応じた様々な「手立て」を検討し、指導する。
保育所保育指針解説	安心して生活できるよう、障害や様々な発達上の課題など状況に応じて適切に配慮する。障害の有無に関わらず人格と個性を尊重する。障害などの特別な配慮を要する子どもの保育を指導計画に位置付け、保育者は保育所の生活で考えられる困難の状態を理解する。

（要旨を著者がまとめ）

現在、保育所等の施設においては障害児の受け入れのみならず、医療的ケア児の受け入れが求められています。医療的ケア児とは新生児特定集中治療室等に長期入院後、引き続き人工呼吸器や胃ろう等を使用し、たんの吸引や経管栄養などの医療的ケアが日常的に必要な児童のことです[25]。2016年改正の児童福祉法56条第2項で初めて医療的ケア児について触れられ、2021年施行の医療的ケア児支援法では国、地方自治体、学校や保育所の設置者に対して適切な支援を責務とすることが求められました[26]（図3-3）。このことから、これまでの障害児保育とは違い対象の幅は広がったため、より医学・看護も含めた専門知識が求められます。

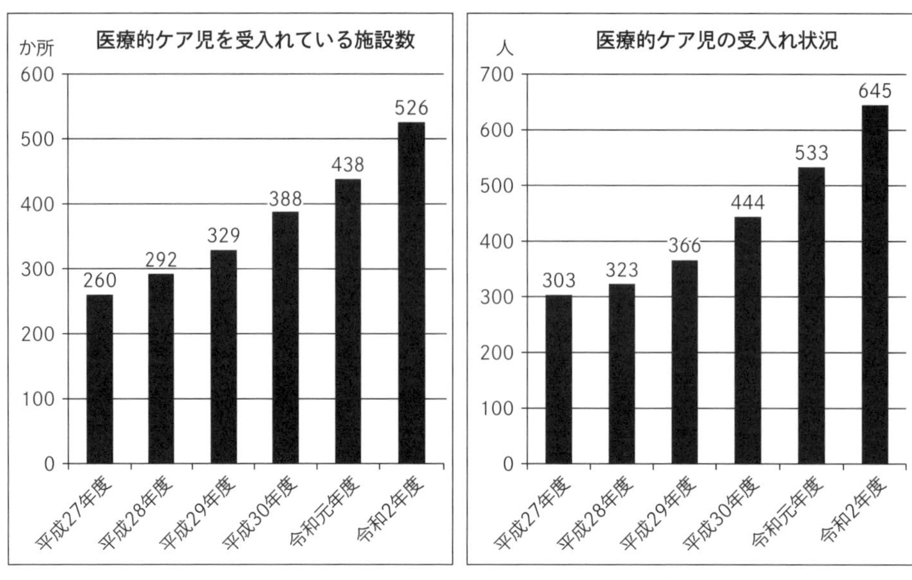

図３-３　医療的ケア児の受入れ状況の推移[27)]

（4）インクルーシブ保育の現在

1994年に「特別なニーズ教育に関する世界会議」が開催され、そこで「インクルーシブ教育」という考え方が現れました。これを「サラマンカ宣言」といいます。2006年の国連総会で「障害者の権利に関する条約」について話し合いが行われ、そこで「インクルーシブ教育システム」という言葉が現れました。「全ての子どもたち」を対象としているサラマンカ宣言と「障害のあるもの」を対象としている「障害者の権利に関する条約」、同じインクルーシブという言葉が使われていることにより混乱が生じています。なお文部科学省では特別支援教育の分野にインクルーシブ教育“システム”という言葉で分類しています。

実際の保育現場は障害のある子どもと障害のない子どもが一緒に保育を受けていることが多くあります。これは統合保育（インテグレーション）でありインクルーシブ保育ではありません。インクルーシブ保育は障害のあるなしに関係なく全ての子どもたちに対して行われる支援や配慮です。インクルーシブ保育は平等と公平という言葉で説明されることが多々あります。よくたとえられるのがスタジアムでのスポーツ観戦です（次頁のイラスト参照）。身長の高い子、低い子、中間の子の３人がおり、身長の低い子と中間の子はフェンスが邪魔で試合が見えません。高い子は何もせず見えます。中間の子には踏み台を１つ渡し、低い子には２つ渡すことで試合が見えます。これが公平です。この身長の低い子、中間の子に対する関わり方がインクルーシブ保育の関わり方（必要な支援、配慮）です。

極端な話をするとフェンスを取り払うことも含まれます。３人とも踏み台を渡す。これは平等です（低い子はそれでも見えないかもしれません）[19) 28)]。現状ではユニバーサルデザインの保育活動（授業づくり）の方が実際のインクルーシブ保育に近く、また、考え方としても捉えやすいと思われます。インクルーシブ保育を取り入れることで日々の保育の内容、運動会などの行事等を見直すきっかけにもなります。インクルーシブ保育は“全ての子ども”が対象です。身体障害、知的障害、医療的ケア児、外国にルーツのある子ども、家庭環境に配慮が必要な子ども、LGBTQ、自閉スペクトラム症（ASD）、注意欠如・多動症（ADHD）、学習障害（LD）、発達性協調運動症（DCD）などの子どもがいる中で個別に対応しながら保育を行います。その結果が一人一人の発達の特性に応じた保育になります。保育の狙いを達成するためにその子に合わせた保育をするのであれば同じ場所、同じ方法である必要はありません。

平等

公平

インクルーシブ保育の支援の方法として、①個人差や多様性を認め、②自分らしく生き生きと生活できる保育環境をつくり、③全員参加となる様々なニーズを含んだ活動提供、④多様な子どもたちそれぞれの意見が対等・平等に尊重され子どもの姿から出発する保育を創造、⑤子ども同士が育ちあえる保育環境の整備・充実、⑥多様な参加方法を保障する集団づくり、⑦互いの差異・異質な部分も認め合え、心から通い合う関係づくりの７つの視点が挙げられています[29)]。

実習先でも様々なタイプの子どもたちを受け入れていることでしょう。保育者（職員）がどのような点に配慮して保育しているのかを観察し、自ら実践してみましょう。

第4章 実習日誌（記録）について

この章の学びポイント

- 実習日誌（保育の記録）の大切さを理解し、実習日誌の基本事項や保育現場でも用いられるエピソード記録とドキュメンテーションについて基本的な考え方、書き方を学ぶ
- 実習日誌の作成の留意点を知り、保育の姿勢に活かす

1．実習日誌とは

（1）実習日誌はなぜ書くのか

実習日誌は、実際の保育・教育現場において実習園・施設の理解を深める、子ども理解を深める、保育者の理解を深める、という実習の目的を達成するために必要不可欠です。

その意味するところは、大きく２つあります。ひとつは、実習生が自身の課題、観察・体験したこと、気付きや考えたことなどを言語化することで、目標を明確化し、情報を整理・記憶し、学びにつなげるということです。実習期間中に、実習生は指導実習を行います。そのためにも、子どもの実態の、保育時間や保育環境、担任保育者の動きなどの理解ができていなければなりません。実習日誌への記録を通して、こうした理解を深めることができるのです。書くことで初めて、自分の見方や考え方に気付くこともあります。そして、自己の実践の改善につなげることができるのです。

もうひとつは、実習園・施設や養成校の教員とのコミュニケーションです。つ

まり、実習生が理解したことや身に付けたこと、考えたことを他者に伝える役割を果たします。同時に添削を受けたり、コメントをいただいたりすることで、文書を通したコミュニケーションが図られます。

こうした実習日誌の意味は、保育現場における実際の日誌やその他の記録の意義とも重なります[1)]。そして実習日誌もまた公式の記録です。保育者として作成していく公式の記録のための練習という位置づけもあるでしょう。

実習日誌の作成は、気力・体力を使った実習の後に行う作業であり簡単なものではないかもしれません。しかし、頑張った分だけ、後に必ず自分の役に立ち、財産になります。

（2）様々な日誌様式

日ごとに記入する実習日誌は、養成校ごとに様式が若干異なります。図4-1はその一例です。ただ、大まかな構成要素は共通して①日付・天気・配属クラスなど基礎情報、②実習生の目標、③保育のねらい、時系列のデイリープログラムとその中での子ども・保育者・実習生の動き、④反省・気付き、⑤実習先の先生（担当者）からの所見、が見られます（図4-1 ①～⑤）。このほか、エピソードとその考察や、子どもがいる時間の前後の時間の記録を記載することもあります（図4-1 ㋐・㋑）。

また様式は養成校で指定されますが、実習先の保育スタイルや指導に合わせて、日誌の作成の仕方や、重点の置き方が異なってくることも覚えておきましょう。

たとえば、自由保育を基本とする園では、子どもたちが同時に様々な活動を行うため、実習生に対しても時系列の日誌ではなく、ドキュメンテーションという手法を用いて日誌の作成を求められることがあります。また、時系列で活動の流れを記載するスタイルでも、子どもの様子や保育者の意図などを、より詳細に記述するように求められることもあります。

日誌の様式についてはオリエンテーションで分かることが多いので、養成校と様式が違う場合は、養成校担当教員に伝えましょう。

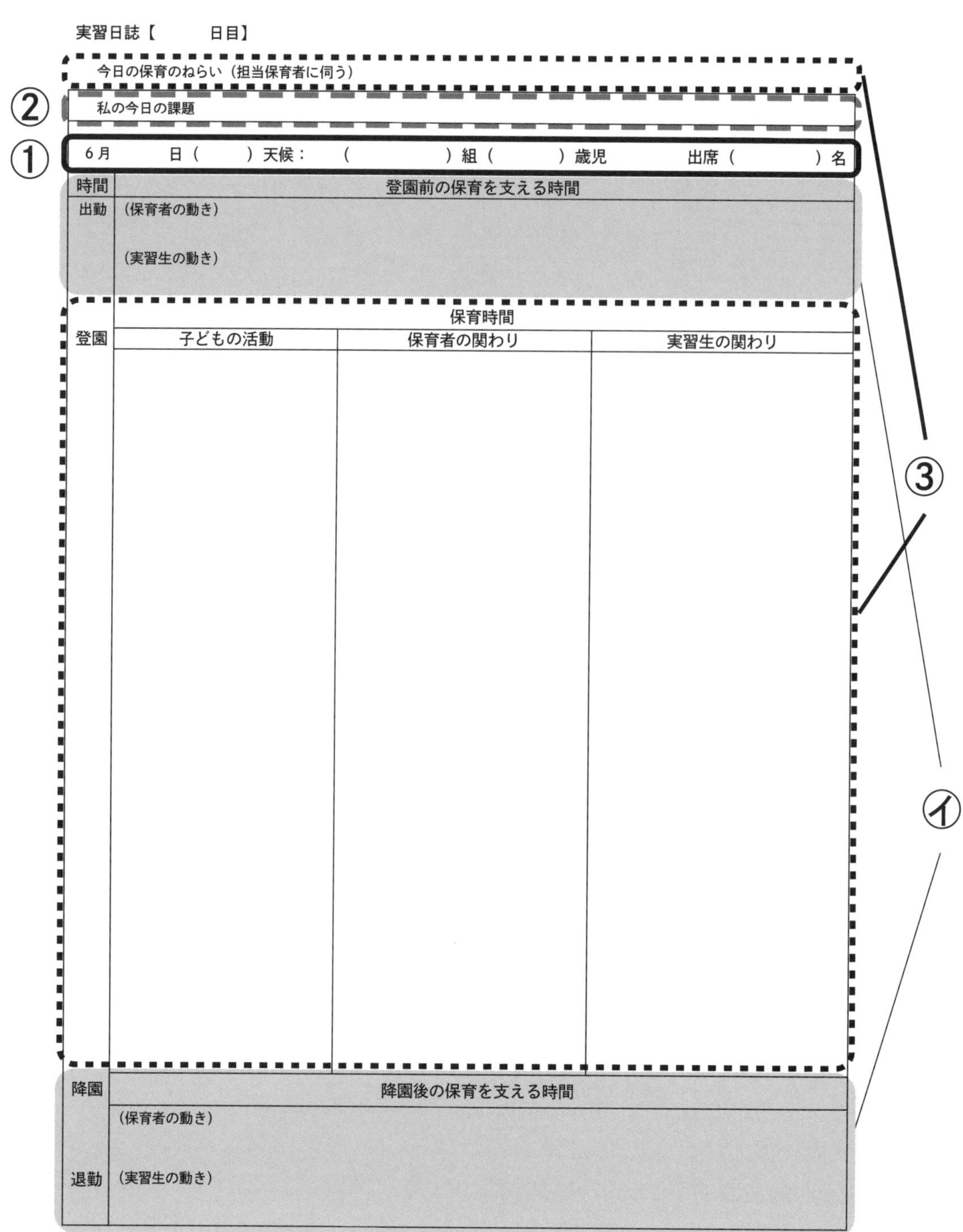
実習日誌【　　日目】
今日の保育のねらい（担当保育者に伺う）
②
私の今日の課題
①
6月　日（　）天候：（　）組（　）歳児　出席（　）名
時間
登園前の保育を支える時間
出勤
（保育者の動き）
（実習生の動き）
保育時間
登園
子どもの活動
保育者の関わり
実習生の関わり
③
㋑
降園
降園後の保育を支える時間
（保育者の動き）
退勤
（実習生の動き）

図4-1

〈エピソード記録〉

エピソード記録（子どもの行動を観察して記録しましょう）
〈子どもの行動〉　　　　　（　　　　）歳児 ㋐ 〈行動の意味や考察〉

本日の反省・気付き （保育の一日を振り返っての自身の反省や気付いたことを記録しましょう）
④

実習先の先生（担当者）からの言葉
⑤
実習園記入者：

図4-1

2．実習日誌の書き方

養成校では一般的な日誌の作成について学びます。実習先で具体的な指示や指導がある場合には、そちらに従って作成します。また、実習日誌を書くにあたり、実習先ではメモを取ることができるか確認しましょう。メモが許可された場合には、小さなメモ帳を用意し、できるだけ短時間に子どもの注目を集めずに記入するように心がけます。ペンが子どもにとって危険となる場合もあるため、持ち歩き方にも注意します。

メモには、「誰が」「どんな場面で」「どのように」「なぜ」がわかるよう、キーワードなどを残すようにしましょう。活動や子どもの様子は時間とあわせて記載するようにしましょう。日誌を書く際に役立ちます。

また、メモも実習先の情報や子どもの個人情報などが含まれるものになります。取り扱い、紛失にくれぐれも注意しましょう。

（1）基本事項の記載内容とポイント

図4-1を例に、実際の日誌の書き方を見ていきましょう。

①基本情報

基本情報として、日付、天気、配属されたクラスなどを記入します。配属クラスの学年や子どもの人数は、保育にとって大切な情報です。また天候も、それによって保育内容が左右されるため、必要な情報となっています。

②実習生の目標・課題

実習生の目標・課題は、その一日をどのように過ごすのか、何を観察するのか自分自身の重点的に取り組みたいことを記入します。実習期間の全体をイメージしながら、大まかに計画をしておくと見通しをもって実習に臨むことができるでしょう。実習の目的に応じて、目標も子どもに関すること、保育者に関すること、実習園・施設に関することが考えられるでしょう。

また、表4-1のように一般な流れとして、実習初期では実習園・施設の設備環境や活動の流れの理解から始まり、子どもの実態を捉えながら、子どもと関わることが課題となっていきます。後半になるにつれて徐々に保育者の動きに目を向け、指導実習で担任として子どもの前に立つイメージを膨らませながら実践してみる、子どもと関わる以外の仕事についても理解を深める、といったような課題が考えられます。加えて、前日までの実習の状況や反省に応じて、目標や課題を変更・修正したり、付け加えたり、具体的にしていくことになるでしょう。

表４-１　一般的な実習課題の流れ

実習初期（観察実習）	・一日の活動の流れを把握する ・子どもに親しみ、接し方に慣れる ・幼稚園教諭・保育士の職務内容を知る ・園、施設の役割や機能を知る
実習中期（参加実習）	・その日の活動（保育計画）を理解し、自分から行動する ・様々な子どもの姿を捉え、子ども理解を深める ・子どもの様子を見ながら、積極的に子どもに関わる ・遊び、教材・素材、児童文化財、安全面への配慮など保育内容、環境構成の理解を深める
実習後期（指導実習）	・保育者の動きや関わり方の理解を深める ・子どもの実態を踏まえて指導計画を作成する ・学びを活かし、担任の役割を子どもの前で実践してみる ・保護者とのコミュニケーションについて知る ・地域との連携について学ぶ

今日は来てくれた子と遊ぶので精一杯だったな。
明日はみんなの名前を覚えて、いろいろな子と
関われるようにしよう！

③保育のねらい、子どもの活動、保育者・実習生の関わり

その日の「保育のねらい」については、配属クラスの担任保育者に直接確認しましょう。前日までに確認することが望ましいですが、当日でも構いません。担任保育者のねらいは、子どもにどのように関わればよいのか、実習生がどんな動きをすればよいのかを考えるヒントになります。実習生もねらいが達成されるように行動してみましょう。

また、保育のねらいは週単位、月単位でも考えられています。実習期間中の週案や月案をいただける（もしくは、見せていただける）場合は、それをよく読み、保育内容、保育者の動き、保育環境の意味を考えてみるとよいでしょう。日誌には、実習先の月案や週案を書く欄が設けられていることがあります。入手できるか確認しましょう。さらに、月案や週案のねらいは、保育の全体的な計画、教育課程、その実習先の教育目標や目指す子ども像に基づいています。実習する園がどのような保育を目指しているのか、事前に確認しておきましょう。

時系列に沿った子どもの活動、保育者の関わり、実習生の関わりについては、それぞれが、横軸で対応するように記載することが重要です。保育は、一日の大

まかな流れ（デイリープログラム）の中で、子どもの様子に応じて展開されます。そのため、子どもの動きがまずあり、それに応じた保育者の関わりを記入するようになっています。ただ、子どもの活動の概略を示そうとすると、デイリープログラムを書いているのと変わらず、毎日同じ記述になってしまいます。しかし、子どもの様子を詳細に記載しようとするとスペースが足りません。

同じように見えても、同じ日は１日もありません。子どもの遊び、表情や会話は日々違うものです。少しずつでも、新たに気付いた子どもの様子や保育者の関わりを記述していけると、子どもの生き生きとした姿と保育者の様々な関わり方を日誌に残すことができるでしょう。

また保育者の関わりについては、どのようにしていたか、どのように伝えていたか、ということだけでなく、「なぜそのようにしたのか」という意図や理由を汲み取ろうとすることが重要です。

例１ ある日の日誌の一部

登園	保育時間		
	子どもの活動	保育者の関わり	実習生の関わり
9:00	◎登園 ○身支度を済ませて戸外に出て好きな遊びをする。	・子どもに笑顔で挨拶し、健康観察を行う。身支度が進まない子どもに声をかける。	・子どもに笑顔で挨拶し、身支度を見守る。身支度が進まない子どもに声をかける。
	・昨夜の雨でできた水たまりで泥遊びをする。泥の感触を楽しむ子どもがいる。 ・砂場の湿った砂でトンネルをつくる。穴掘りに夢中になる子どもがいる。 ・鬼ごっこをする。	・泥遊びや砂場遊びを始めた子どもに、砂場遊びの道具（バケツ･シャベルなど）を出す。 ・鬼ごっこで起きたトラブルについて子どもから話を聞き対応する（自分たちで解決できるように、どうする？と声をかけ、見守る）。	・子どもたちと一緒に戸外で遊ぶ。 ・泥遊びでは、周りの子どもに泥が跳ねないように声をかける。 ・鬼ごっこではときどき子どもとルールの確認をする。

④反省・気付き

反省は、まず②実習生の目標・課題に対する振り返りを記入します。その日の目標が達成できたでしょうか、取り組んでみてどんなことを感じたでしょうか。そのうえで、ほかに学んだことや感じたこと、気付いたことを記入していきます。そして、次の日の目標や課題を明確にしましょう。

例2 一日の反省・気付きと実習先の先生（担当者）からの言葉

本日の反省と気付き
実習８日目（３歳児クラス４日目）の今日は、子どもの個性や特徴を理解しながら関わるという目標を立てて取り組んだが、まだまだ一人一人について理解不足であることを痛感した。給食の時間に、Ａくんがおかずを食べずにいたので、「食べてみると美味しいよ」と何度か声をかけたが、食べようとはしなかった。そんなＡくんに対して、担任の先生がおかずの中からお肉だけを集めて「これだけ頑張って食べてみよう！」とスプーンを渡すと、予想外に美味しかったようで、残りのおかずを食べていた。さらに、友だちにも「結構美味しかったよ」と得意気におかずを勧めていた。まだ私にはＡくんが食べようと思うような声がけや関わりが難しかった。みんなの好きなものや苦手なものも知っておく必要があると感じた。これからクラスの一人一人の様子をもっとよく観察して、理解を深めたいと思う。
実習先の先生（担当者）からの言葉
実習８日目お疲れさまでした。昼食ですが、子どもはそれぞれ食事のペースや食べられる量、好き嫌いなどが違うので、その子によって介助の方法や声がけも変わってきます。見た目で苦手と感じてしまっているときもあるので、小さくしたり、少なく盛り付けたりして、少しでも食べられたときはたくさん褒めています。食べる喜びを感じてもらえるような関わりをするように心がけています。子ども達は一人一人性格も違い、その日の気分や周りの様子によっても見せる姿が変わってくるので、いろいろな声がけや対応の仕方があると思います。子どもたちをよく観察して、たくさん関わってみてください。 また、日誌に誤字が目立つようなので、よく読み返してから提出するようにしましょう。

⑤実習園の先生（担当者）からの言葉

実習生の日誌を読んで、配属クラスの担任先生などがコメントをくださいます。実習生の子どもとの関わりの様子や、エピソード記録、反省に対して気付いたことや知ってほしいこと、考えてほしいことなどを教えてくださいます。実習生が改善すべき点をご指摘いただくこともあります。真摯に受け止め、次の日から活かせるようにしましょう。

（2）日誌作成の留意点

①公式書類であることを意識する

実習日誌は、公式書類です。丁寧に書きましょう。手書きの場合は、履歴書などと同様に最終的には黒いペンで清書した状態で提出します。熱でインクが消えるペンは使用しないようにしましょう。清書後に訂正する場合は、二重線で取消し、近くに正しい記載をします。修正箇所が多い場合は、書き直しましょう。

である調で記載し、文章が口語にならないように気を付けましょう。

口語の例　**こうならないように気を付けましょう。**

- Aちゃんはいつも残してしまう野菜も**食べれて**いました。
- Bちゃんは、車**とか**、電車が好き**なんだな**と思いました。**なので**、明日はそうした遊びに誘ってみようと思いました。
- 今日は、一人の子と**ばっかり話ちゃって**いたので、**すごく**反省しました。

近年、日誌をパソコンで作成する取り組みを始めているところもあります。その場合は、情報の取り扱いやパソコンのセキュリティ対策に十分に注意する必要があります。実習の事後指導後にはデータを削除するなどルールを確認し、それに従って作成しましょう。

②読みやすい字・記述を心掛ける

文字は小さすぎず、大きすぎず読みやすい適度な大きさで書きましょう。文章は、思いついたままに記述せず、一度構想を練ってから書くようにします。見出しをつけたり、区切りを考えて段落を変えたりすると分かりやすくなります。読み直して、誤字・脱字はないか、主語・述語は適切か、意味の通る文章になっているか、確認しましょう。作成した文章を自分で音読すると誤りに気付きやすいです。

③子どもを肯定的に捉える

たとえば、お友達を叩いてしまった、お友達のおもちゃをとってしまった、手洗い中に水遊びをしてしまっている…など、大人と比較して、子どもはできないことがあり、自分本位で、感情的に見えるかもしれません。しかし、それは全て成長・発達の過程であって、非難や批判すべきことではありません。子どもが成長できるように支援するのが保育者の役割であり、保育者がそのために何をすべきかを考えていくことが重要です。

実習日誌や保育の記録においては、どんな子どもの姿も愛情をもって書くことが大切で、否定的な表現は不適切です。また肯定的か否定的かにかかわらず、自分の見方、捉え方が一面的、一方的でないか、先入観に影響されていないか、表現が適切か、よく考えてみましょう。

適切とは言えない表現	日誌に記載するとしたら…
Aくんは友達を叩くなど、乱暴である。	Aくんは、思い通りにいかないときに、**まだ**言葉よりも手が出てしまう**ことがある。**
Bちゃんは、わがままで、いつもお気に入りのおもちゃを独占してしまう。	Bちゃんは、好きなものについて、「自分のもの」、「自分が使いたい」という**想いが強いようだ。**

④断定を避け、保育者に確認する

上記の適切とは言えない表現に共通しているのは、子どもの特性を断定して（決めつけて）しまっている点にあります。実習生の見た姿は一時的、短期的なものかもしれず、何か事情があってそうした行動となったのかもしれません。それにもかかわらず「乱暴」や「わがまま」と否定的に断定してしまっています。

子どもは、時と場合、人によって見せる姿が違うこともしばしばあります。担任の先生と子どもの様子についても会話してみましょう。また違った見方を知ることができるかもしれません。日誌では、断定する表現は避け、行動の要因や背景について、保育者と一緒に考えてみましょう。

（3）エピソード記録、ドキュメンテーションその他の記録

エピソード記録は、保育現場で最も用いられる記録の手法です[2)]。保育の中で印象的な場面や出来事を具体的に文章で記録することで、保育者間で子どもの姿を共有し、保育実践の省察と改善に用いられています。

エピソード記録は事実と保育者の考察（考えや気付き）から構成されています。事実を記載し、その場面、出来事の背景や子どもにとっての意味を考察します（その出来事を読み解きます）。そのうえで、なぜその場面を取り上げるのか、保育者、実習生にとっての意味を考えることが重要です。そのエピソードから保育者・実習生が自分自身の行動や実践を振り返ります。

例3 エピソード記録

エピソードにタイトルをつけよう　『少しずつ一緒に』	
何をしていたときに　戸外での自由遊びで	何歳児が　幼稚園　3歳（年少）児
子どもの様子 （目に見える行動や言葉などを書く）	子どもの行動の意味を推察し この観察や関わりから考えられることを書く
今日も自由遊びの時間に、A ちゃんはいつものように一人でブランコのところで遊んでいた。ブランコで表情がなく漕いでいることもあったが、今日は、私（実習生）が隣のブランコに乗ったり、背中を押すと「こわくなーい」と足をバタバタさせたり、笑顔で楽しそうにしていた。少しずつ足を自分で動かして、漕ぐ動きもできるようになってきている。 隣のブランコに他の子どもが乗っているときは、直接会話はないが、実習生が友達にも声をかけたり、会話をつなぐと笑顔がみられた。一方で、友達のところを指して「行ってみる？」と誘うと首を横に振って行きたくない様子だった。	A ちゃんは戸外での自由遊びの際、いつもブランコで一人で遊んでおり気になっていた。入園して間もないということを伺い、ブランコが居場所、拠り所になっているのだということが分かった。だんだんと園の生活に慣れてきている面もあり、実習生が一緒に遊ぶのも楽しんでいたようだ。高く揺れるように押してもらうのも好きである。 他の子どもと直接の関わりはまだ難しいが、自分の居場所に他の人が遊びに来てくれるのは嬉しく、実習生を介して一緒に遊ぶ楽しさを味わっているようだ。無理に他の遊びや友だちのところに誘ったりせず、まずは安心できる場所で、少しずつ、友だちと一緒に遊ぶ楽しさを感じられるようにしていくのがよいのではないかと考えた。

近年は写真を使った記録やドキュメンテーションという手法も普及してきています。ドキュメンテーションは、子どもの活動の過程を記録する手法です。完成した作品や活動の成果よりも、そこに至るプロセスに注目しています。活動中の子どもの言動を写真、録音、メモ、ビデオなどによって記録し、保育者が、プロセスがわかるよう選択・構成して示したものです[3)]。

例4 ドキュメンテーション型実習日誌の例

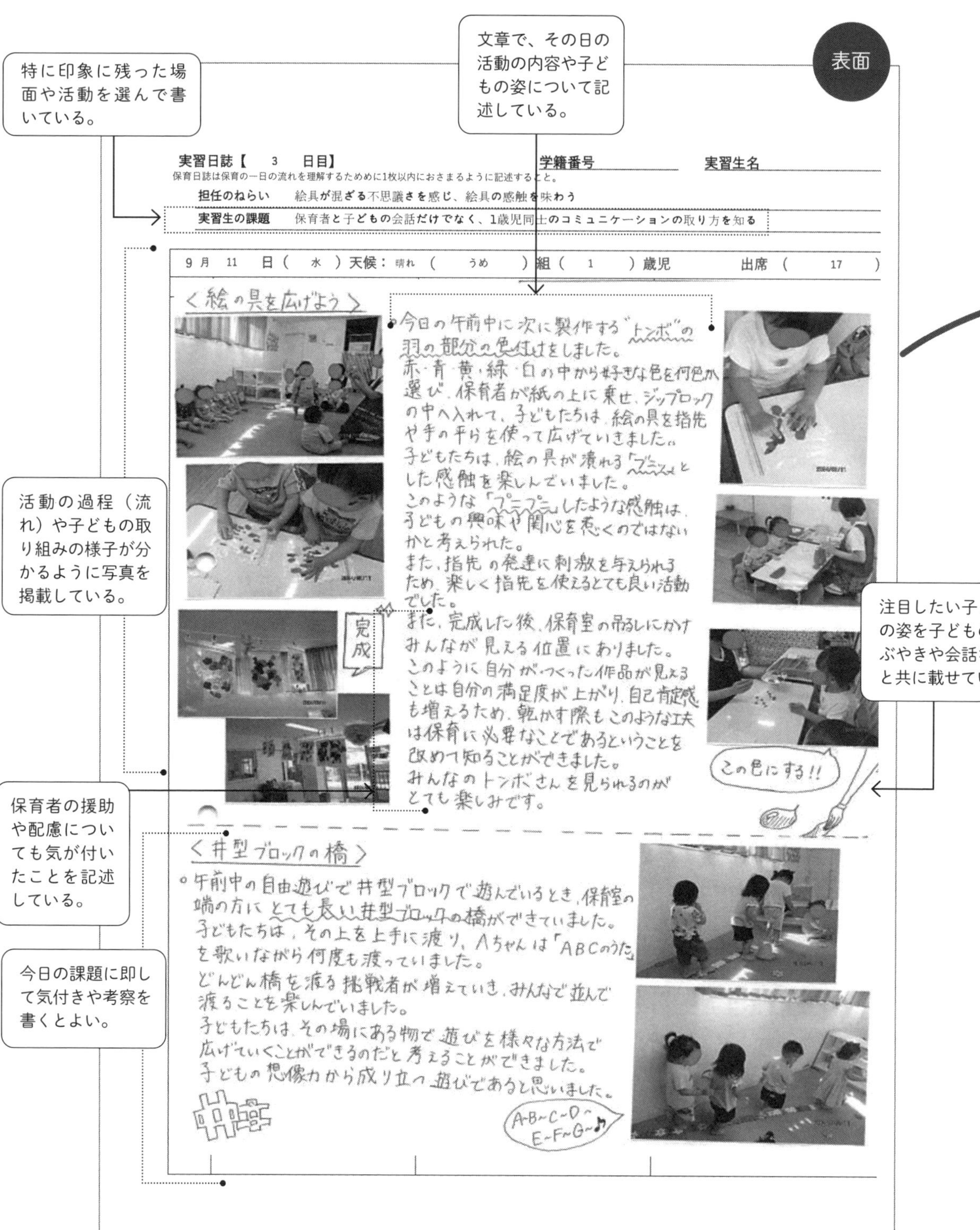

実習日誌【　3　日目】　学籍番号　実習生名

保育日誌は保育の一日の流れを理解するためにＩ枚以内におさまるように記述すること。

担任のねらい　絵具が混ざる不思議さを感じ、絵具の感触を味わう

実習生の課題　保育者と子どもの会話だけでなく、1歳児同士のコミュニケーションの取り方を知る

9 月　11　日（ 水 ）天候：晴れ（ うめ ）組（ 1 ）歳児　出席（ 17 ）

＜絵の具を広げよう＞

・今日の午前中に次に製作する"トンボ"の羽の部分の色付けをしました。
赤・青・黄・緑・白の中から好きな色を何色か選び、保育者が紙の上に乗せ、ジップロックの中へ入れて、子どもたちは、絵の具を指先や手の平らを使って広げていきました。
子どもたちは、絵の具が潰れる「プニュ」とした感触を楽しんでいました。
このような「プニプニ」したような感触は、子どもの興味や関心を惹くのではないかと考えられた。
また、指先の発達に刺激を与えられるため、楽しく指先を使えるとても良い活動でした。
また、完成した後、保育室の吊るしにかけみんなが見える位置にありました。
このように自分がつくった作品が見えることは自分の満足度が上がり、自己肯定感も増えるため、乾かす際もこのような工夫は保育に必要なことであるということを改めて知ることができました。
みんなのトンボさんを見られるのがとても楽しみです。

＜井型ブロックの橋＞

・午前中の自由遊びで井型ブロックで遊んでいるとき、保育室の端の方にとても長い井型ブロックの橋ができていました。
子どもたちは、その上を上手に渡り、Aちゃんは「ABCのうた」を歌いながら何度も渡っていました。
どんどん橋を渡る挑戦者が増えていき、みんなで並んで渡ることを楽しんでいました。
子どもたちは、その場にある物で遊びを様々な方法で広げていくことができるのだと考えることができました。
子どもの想像力から成り立つ遊びであると思いました。

協力：十間坂保育園（茅ヶ崎市）

裏面

裏面では、全体を通しての振り返りやその他のエピソード、自身の反省について文章で記述している。

＜今日の実習振り返り＞

保育実習Ⅰ（保育所）のエピソード記録を思い出し、何歳児が、何をしていたときに、どのようなことがお
日の子どもの様子やエピソードを 5W1H に従ってわかりやすく書き、観察や子どもとの関わりからわかった
もの行動の意味を考えて省察を書きましょう。

次に今日一日の保育の流れを思い出し、ご指導いただいたことや、今日の課題に関する自分の気付きや学び

今日の保育全体に関する省察

今日は、「保育者方と子どもの会話だけでなく、1歳児同士のコミュニケーションの取り方を知る」という課題をもって実習に臨んだ。

午前の自由遊びのとき、子どもたちは保育者方と一緒に、お父さん指からお母さん指を順番に曲げていき寝たあと「起きてー」と声をかけると全部の指を開き「おはよう」と起きてくる手遊びをしていた。子どもたちはその手遊びが好きで保育者方に「やって」や「もう1回」と言い何度も手遊びを繰り返していた。自分はその手遊びを初めて知ったため保育者方の真似をしながら一緒に歌い振り等を覚えた。途中でAちゃんとBちゃんが自分のところへ来て「やって」とお願いしに来た。そのため、同じように保育者方が行っていた手遊びをAちゃんとBちゃんにした。Aちゃんの指に「起きて」と声をかけると人差し指だけ立てた。自分は、「お母さん指だけ起きたね」「お母さん指は早起きだね」と声をかけた。するとAちゃんは小指を立て、自分は、「次は赤ちゃんが起きたね」「赤ちゃん指も早起きなんだね」と驚いた表情で声をかけた。Aちゃんは笑って全部の指を立て、「みんな起きたね」と声をかけた。それを何度も繰り返した。隣で見ていたBちゃんもAちゃんと同じように人差し指だけを立てるなど、アレンジを加えた手遊びで遊び続けた。

これらの行動から考えられることは、1歳児の子どもは同じ遊びを何度も続けられ、しばらくその遊びだけで楽しむことができるのだと考えることができた。4・5歳児で考えてみると、同じ遊びだけでは飽きが生じてしまうことが多く見られるため、これらの行動は、1歳児ならではの特徴であるのではないかと考えられた。また、子どもたちは友達の遊び方や行動にも目を向け「楽しそうだな、自分もやりたい」と気持ちが動いたりするのではないかと考察することもできた。

Aちゃんが人差し指だけを立てた際、それに応じた声かけができたのではないかと思った。自分も同じ遊びをずっと続けるのではなく、子どもが起こしたアクションに応じた声かけをすることで遊びが変化し、どんどん遊びが広がりより楽しく遊べるのではないかと思った。そのため、大人がその遊びを広げ楽しめるきっかけをつくることが重要なのではないかと考えられた。

一日を振り返ると、昨日より子どもたちと関わることができたのではないかと感じられた。また、子ども同士の関わりに目を置くことができた。自由遊びの際に、子ども同士で話している姿をよく見ることができた。「いってくるわね」と声をかけ「いってらっしゃい」と返したりなど思っていた以上に子ども同士で会話しているのだと知ることができた。

明日は、2歳児クラスに入るため、クラスの雰囲気や保育者方の働きかけに目を置いていきたいと思った。

本来、ドキュメンテーションを用いる目的は、保育者が子どもの興味・関心や思考、学びの道筋を理解することにあります。現在、保育現場では、他者（他の子どもや保育者、保護者）への発信（共有）のために用いられることも多くあります。実習中に実習生が作成するドキュメンテーションは、実習生が子ども理解や保育の理解を深めることが目的となります。

記録は、よりよい保育を行うために、保育者が、子どもの姿を通して自身の実践を省察し、改善につなげることを可能にするものです。実習中に子どもと向き合い、その子どもらしい姿を楽しみながら、観察する力や記録する力を高めていけるとよいですね。

巻末ワーク11

この章を参考に、記録の練習をしてみましょう。

1.実習園・施設の一日を想定して時系列で子どもの動きを書いてみましょう。
2.YouTubeなどにある保育園などの子どもの映像を見て、それをエピソード記録として書いてみましょう。

第5章 指導計画案について

この章の学びポイント

- 指導計画案の基本構成や内容、書き方について学び、実際に指導計画案を作成してみる
- 指導計画案作成における子ども理解、実習先の環境理解の必要性を理解する

1. 実習における保育の指導計画案

（1）指導計画案とは何か

保育には計画が必要不可欠です。実習園・施設における子どもの生活や遊び、保育者の援助は行き当たりばったりや思い付きで、なんとなく行われているわけではありません。子ども一人一人の発達を見通し、子どもがその時期に必要な経験を積み重ねていけるよう、ねらいを立て、環境を用意し、援助の仕方を考える必要があります。

保育の計画には、まず園や施設全体の保育の基本的なあり方や方向性を示した「保育の全体的な計画」や「教育課程」があります[1)2)]。それを、子どもの実態などに応じて具体的にその年度の計画として示したものが年間指導計画です。そして、年間指導計画に基づいて、園児一人一人またはクラスごとにひと月、一週間、一日単位で作成するのが月案、週案、日案といった指導計画です。また、行事（誕生会や保育参観、避難訓練、生活発表会など）のように日常と異なる展開がある際は、その時間の部分的な指導計画案が作成されることもあります。

実習においても、保育の一部を担う指導実習（部分実習や責任（全日）実習）、を行う際は、実習生が計画を立てて行います。実習生が作成する指導計画案（図5-1）には、部分実習指導計画案と責任（全日）実習指導計画案があります。部分実習指導計画案は、一日のうち、一定の時間や一部の活動について実習生が担任の役割を体験させていただく際に作成する計画です。責任（全日）実習指導計画案は、実習期間中のある一日の登園から降園までの計画になります。時間の長さの違いを除いて、どちらも構成内容や様式はほとんど変わりありません。

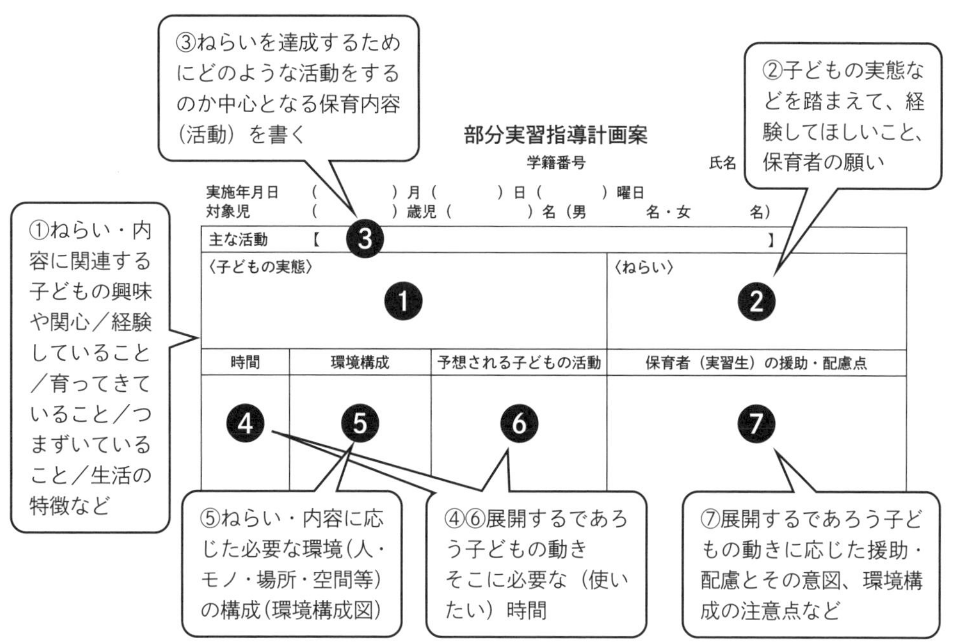

図5-1　指導計画案の書き方・留意点

図5-1のように指導計画案は、主に①子どもの実態、②ねらい、③主な活動、④時間、⑤環境構成、⑥予想される子どもの活動、⑦保育者（実習生）の援助・配慮点、から構成されます。ほかに振り返り、反省の欄も記載されていることもあるでしょう。

（2）指導計画案の作成の前に

指導計画案を書くにあたって、その前段階で最も重要となるのが子どもの実態の把握です。目の前の子どもがどのような育ちの状況であるのかを踏まえて、保育のねらいや内容、援助や配慮を考えていきます（図５-２）。指導計画案の前提に子どもの姿があることを忘れないようにしましょう。

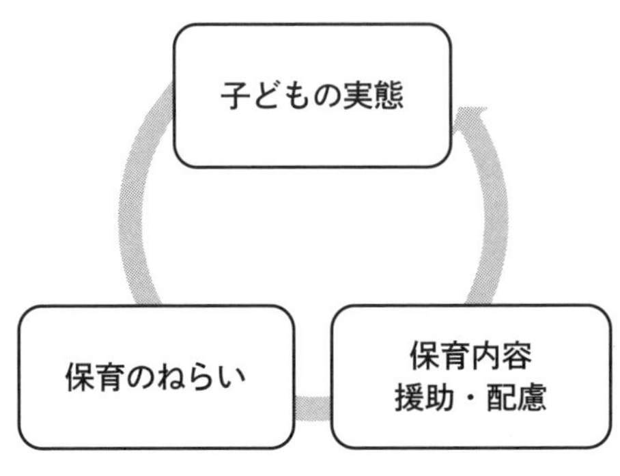

図５-２　指導計画案作成のサイクル

子どもの実態の把握は、主に発達の状況、一人一人の特徴、集団としての子ども、という観点から行います。まず、目の前の子どもの様々な姿を、これまで学んだ一般的な子どもの発達や育ちの姿と照らしあわせて見てみましょう。

たとえば、子どものおままごと遊びについて考えてみましょう。単に「おままごと遊びをしていた」という理解だけでは不十分です。丁寧に、どのような経緯でその遊びが始まったのか、誰とどのように遊んでいるのか、身体や道具をどのように使っているか、言葉の具体的なやりとりや表情はどうか、などを見てみましょう。

よく観察すると、おままごと遊びの中で、それぞれの子どもが個別に保育者との間で「○○できた！」「○○おいしいよ～」「私、○○屋さん」と会話していることもよくあります。これはいわゆる並行遊びといわれ、一般的に２歳～３歳ごろの遊び方とされています。徐々に子ども同士でものの貸し借りや役割分担をするようになり、４歳や５歳になるとストーリーを共有しながら協同的な遊びを展開する姿が見られます。手や指先の使い方の様子や会話に注目すれば、子どもの身体的な発達や言葉の発達も把握することができるでしょう。

また発達の状況はもとより、子どもは一人一人気質や行動の特徴、興味・関心、経験が異なります。同じ活動をしても子どもによって取り組み方は様々でしょう。

そうした一人一人の特徴を踏まえて、援助や配慮を考えていくことが大切です。

一方で、共通する部分もあるでしょう。多くの子どもたちに見られる反応や、できるようになっていることなどです。それは集団としての子どもの様子として捉えることができます。たとえば、「絵本の読み聞かせを、集中して聞くことができる子どもが多い」、「外遊びが好きな子どもが多い」といった具合です。子ども同士の関係性にも着目してみましょう。同じ子と遊んでいることが多い、教え合うことができる、子ども同士で解決している、競うと白熱しやすい、違いを認め合うことができる、といった様子が見られるかもしれません。「元気のよいクラス」といったように、クラスの雰囲気も集団としての子どもの特徴としてあるでしょう。

しかし、実習準備として、指導計画案をあらかじめ考えておく場合には、子どもの実態を踏まえずにねらいや内容を決めなくてはなりません。その際は、教科書や授業で学んだ一般的な子どもの発達や、園での生活を想像して準備を進めます。

具体的な活動は自分が子どもと一緒にやってみたい、楽しみたい活動を準備してもよいでしょう。3歳児の場合と5歳児の場合や晴天の場合と雨天の場合など、いくつか案を用意しておくことも役に立つでしょう。重要なことは、実習が始まってから、実際の子どもの実態を踏まえて修正を行うことです。配属クラス担任の先生などに相談し、ご指導いただきながら指導計画案を修正していきましょう。

指導計画案を作成するうえでは、子どもの実態の把握のほか、園の保育の流れや、保育室をはじめとした園の環境についても把握しておく必要があります。日々の日誌作成は、そのために大変重要な作業になります。

指導実習を行う時間や一日は、どのようなタイミングでしょうか。週や月の中のどのあたりか、前日や次の日の活動はどうか、一日の中でどの時間帯なのか、季節はいつか、など時間や時期を考慮しなければなりません。それによって、選ぶ活動や教材が異なってくるはずです。指導実習を行う日は、イベントや特別な一日ではなく日常の一コマであることを忘れず、自然な流れで行えるように計画しましょう。

クラスの位置、保育室内にあるものや配置の様子など園の環境も計画を立てる際に必要な情報です。教材や教具のほか、遊びの展開される場所、手洗い・うがいや排泄、園庭や玄関、ホール、廊下など子どもの移動経路も把握しておきましょう。

2．実習指導計画案の書き方

以下では、先述の指導計画案の構成内容（図5-1 ❶～❼）のそれぞれについて、作成のポイントなどを確認していきます[3)]。

（1）子どもの実態・ねらい・主な活動（図5-1 ❶❷❸）p.57

実習において指導計画案に記載する「子どもの実態」は、理解した子どもの姿の全てを記入するものではありません。限られたスペースであるため、次に述べる「ねらい」や「主な活動」に特に関係する姿を取りあげます。

指導計画案に記載する保育の「ねらい」とは、子どもの実態を踏まえたうえで、保育者がその計画にある活動や時間を通して育みたい、経験してほしい事柄を、子どもの姿として示したものです。そのため、原則として、「子ども」が主語となるように書きます。その際、月案等の長期の指導計画案、幼稚園教育要領、保育所保育指針等にある育みたい資質・能力、５領域における保育のねらいや内容とのつながりも意識してみましょう。それらの表現を参考にすることもできます。

ねらいを設定の際の留意すべき点として、「できた」「できなかった」という振り返りになるような、目に見える知識や技能を習得させる到達目標を設定するものではないということがあります。できるだけ、子どもたちの自然に出てくる心情・意欲・態度を中心に記入します。

例）×泥団子をつくれるようになる
×折り紙を折ることができる

○砂の特性に**気付き**、遊びに**取り入れようとする**
○**楽しみながら**指先を使い、**製作に集中して取り組む**

心情、意欲、態度をねらいとして記述する際に用いられる文例には以下のようなものがあげられます。

心情：喜び味わう、楽しむ、親しむ、感じる、気持ちを高める
意欲：～しようとする、工夫する、試す、関心をもつ
態度：大切にする、気付く、見通しをもつ、やりとげる、考える

これに関連して、活動が限定される書き方は避けます。その活動を通して、子どものどんな姿を期待するのかを考えてみましょう。

活動が限定される
書き方は避ける

例）×紙コップでけん玉をつくって遊ぶ
〇身近な素材に興味をもち、工夫して遊ぶ
×絵本「ぐるんぱのようちえん」を読んで、象のイメージを膨らませる
〇絵本に親しみ、想像する楽しさを味わう

「主な活動」は、その日の中心となる保育の内容について記載します。部分実習では、その主となる活動、責任（全日）実習では午前中の10時頃～昼食前までのクラス活動で行うことを記載するのが一般的です。保育の内容とは、ねらいを達成するための具体的な経験内容であり、「活動名＋する・行う」という表面的な活動の表示だけでなく、子どもの活動や体験する事項を具体的に設定します。

例）【ねらい】 身近な素材に興味をもち、工夫して遊ぶ
【内容】 ×色水遊びをする
〇絵具を使って色水を作り、色を混ぜるなどして、
色の変化を楽しむ

（2）時間・予想される子どもの活動（図5-1 ❹❻）

ねらいと主な活動が決まった後、活動をどのように展開するのかを計画します。予想される活動の展開とともに、おおまかな時間の目安を示します。活動の変わり目には必ず時間を記載しましょう。部分実習指導計画案の場合は５～10分、責任（全日）実習では10～30分程度の幅で記載すると良いでしょう。子どもの動きを予想し、どの程度の時間が必要であるのかを想定して記入します。

予想される子どもの活動では、時系列に沿って、子どもの動きを記述します。記入する際には「◎」「〇」「・」などを使い分けると見やすくなります。

例）◎……おおまかな活動 →◎登園 ◎朝の会 ◎主活動
〇……活動と活動の間の時間 →〇手洗い・排泄
・…… 具体的な子どもの動き →・元気よくあいさつする

期待される子どもの姿とともに、それ以外にも実際に予想される子どもの姿もあわせて記述しておきます（表5-1下線部参照）。子どもは保育者（実習生）の指示に従うことばかりではなく、指示が正しく理解できていないことも当然あります。また子どもによって理解度や行動のペースも異なるのが通常です。計画では、そうした様々な子どもの姿を想定しておく必要があります。それが、保育者の援助・配慮につながります。

表5-1　色水遊びの指導計画案の一部

時間	環境構成	予想される子どもの活動	保育者の援助・配慮
: 10:00		○手洗い・排泄を済ませ席につく。 ◎色水遊び ・好きな色の絵の具を水に入れて、色水をつくる。 ・絵具の入れ方が分からない子どもがいる。 ・2色入れたいという子どもがいる。	・空のボトル、絵具、筆、ぞうきんを各テーブルに出す。 ・絵具の量によって色が異なるので、子どもが自分で想像したり、工夫できるように「どんな色になるかな？」などの声かけをする。 ・絵具の入れ方が分からない子には自分で解決できるよう他の子どものを見て真似してみるように伝える。 ・まずは1色から始め、よく観察して、後から2色にしてもよいことを伝える。

また、活動と活動の間の時間を忘れずに考慮しましょう。たとえば、表5-1の「手洗い・排泄を済ませ席につく」のように、指導計画案には活動そのものの前後の時間についても記入しておきます。

（3）環境構成、保育者（実習生）の援助・配慮（図5-1 ❺❼）

ねらいを達成するために、活動に応じて人・もの・場所・空間の構成を考えます。空間の使い方（子ども・保育者の位置）やものの配置、製作の手順や完成図を示したり、必要な準備物を記載したりします（pp.64-68指導計画案の例を参照）。子どもたちが活動に興味・関心をもち、自ら やってみようと思う意欲を引き出す環境を工夫しましょう。また、特に安全面への配慮は大切です。危険がないかあらかじめ考えておく必要があります。

保育者（実習生）の援助・配慮には、保育者（実習生）の動きと、予想される子どもの活動に応じて、ねらいを達成するために行う支援や気配りについて記載します。記入の際は、定規などを用いて横のラインを意識し、子どもの動きと対応する位置になるように気を付けましょう。

子どもに対する援助、配慮としては以下のような表現があります。子どもに対する指示であっても、「～させる」「～指示する」など一方的な書き方はしません。

～を説明する、伝える、声をかける	子どもの気持ちを受け止めながら～する
～を確認する、～と問いかける	子どもの～を見守る
～をするように促す	～したことをほめる
～をやってみせる	～がうまくできない子どもには…する
子どもが～な気持ちでできるように～する	早く終わってしまった子どもには～するように声をかける

何よりも、子どもたちが楽しんで活動に取り組めるように、工夫や配慮を考えていきましょう。

次頁の（４）には指導計画案の例として①保育所２歳児（部分実習）、②幼稚園４歳児（責任実習）、③重症心身障害児入所施設（部分実習）の３つを載せています。ぜひそれぞれの実習に行く際の参考にしてください。

(4) 指導計画案の例

①保育所2歳児（部分実習）

部分実習指導計画案

学籍番号＿＿＿＿＿＿＿　実習生名＿＿＿＿＿＿＿

実施年月日　（ 2 ）月（ 10 ）日（ 火 ）曜日
対象児　（ 2 ）歳児（ 15 ）名

主な活動【歌にあわせて身体を動かすことを楽しむ】	
〈子どもの実態〉 ・身近な動物に興味をもち、図鑑を眺める子どももいる。 ・保育者の動きを見て真似したり、自分なりに身体を動かすことができる。	〈ねらい〉 ・室内でも楽しみながら十分に身体を動かす。 ・保育者を見ながら身体の様々な部位を動かしてみようとする。

時間	環境構成	予想される子どもの活動	保育者（実習生）の援助・配慮点
9:30		○排泄・手洗い ・行きたい子どもは順番にトイレに行く。 ・まだ排泄後のふき取りや下着の着脱に手伝いが必要な子どもがいる。 ・排泄後は、手を洗う。	・順番にトイレに誘い、行きたい子に付き添って排泄を見守る。 ・手伝いが必要な子どもには、自分でできるように声をかけながら必要に応じて手伝う。
10:00	子ども 保育室 棚 実習生 スツール	◎主活動「動物になって身体を動かそう」 ○実習生の周りに集まる。 ・「はじまるよ」の手遊びを楽しむ。 ・集まろうとしない子どももいる。 ○絵本『できるかな？』を見る。	・子どもたちに集まるように声をかける。 ・「はじまるよ」の手遊びをして、子どもの注意を集める。 ・集まろうとしない子どもには名前を呼んで促す。 ・絵本『できるかな？』を読む。 ・動物たちの動きをやってみながら絵本を読み進める。
	〈準備するもの〉 ・絵本『できるかな？』(エリック・カール) …動物の動きにあわせて首を振る動きや、肩をあげ下げする動き、足をあげる動き、腰を振る動きなど全身を使った動きができる。 ・スツール ・『できるかな？』CD	○『できるかな？』の音楽にあわせて身体を動かす。 ・いろいろな動物の動きを保育者の真似をしてやってみようとする。 ・友達とぶつからないように手を広げて、保育室に広がる。 ・「できない」という子どもがいる。 ・参加しようとしない子どももいる。 ・「もう一回やりたい」という子どもがいる。	・『できるかな？』の歌を CD で流しながら、動物の動きを見せる。 ・スツールに絵本を置いて、絵を見ながら身体を動かせるようにする。 ・友達とぶつからないように手を広げて距離をとるように促す。 ・「できない」という子どもにも、笑顔でできていることをほめて、楽しめるようにする。 ・参加しようとしない子どもは無理にさせず、楽しさが伝わるようにしながら見守る。 ・子どもの様子を見ながらもう一度繰り返す。 ・「動物の真似っこ楽しかったね」「またやろうね」と終わり、担任の先生に引き継ぐ。
		○次の活動に移る。	・次の活動の準備に移る。

②幼稚園4歳児（責任実習）

責任実習指導計画案

学籍番号＿＿＿＿＿＿ 実習生名＿＿＿＿＿＿

実施年月日 （ 6 ）月（ 25 ）日（ 火 ）曜日

対象児 （ 4 ）歳児（ 20 ）名

主な活動【手づくりおもちゃを友達と楽しむ】

〈子どもの実態〉	〈ねらい〉
・友達の遊びに興味をもち、一緒に同じ遊びをすることを楽しむ姿がある。 ・多くの子どもがハサミで直線を切る事ができるようになっている。 ・自由遊びの時間に廃材で製作遊びを楽しんでいる。	・身近な材料を使った製作を楽しむ。 ・つくったおもちゃを工夫して遊ぶ。

時間	環境構成	予想される子どもの活動	保育者（実習生）の援助・配慮点
9:00		○登園 ・保育者や実習生に元気よく挨拶する。 ・カバンをしまい、シール帳にシールを貼る。 ・家での出来事を保育者や実習生に話す。 ・身支度をして外に出る。	・笑顔で子どもに挨拶し、迎え入れる。 ・心身の健康状態をよく観察して、把握する。
	園舎 砂場	◎自由遊び（戸外） ・戸外で自分がやりたい遊びをする。 （鬼ごっこ、砂遊び、虫探し、ボール遊び…） ・子ども同士で言い合いや取り合いになる。 ・遊びに入れない子どももいる。	・戸外遊びの道具を出す。 ・安全面に気を配りながら一緒に遊ぶ。 ・子ども同士のトラブルや、遊びに入れない子どもがいるときは、様子を見ながら必要に応じて関わる。 ・遊びながら危険がないか園庭を見回る。
9:45		○片付け・手洗い・排泄 ・自分の遊んでいた道具を片付ける。 ・片付けが終わった順に、保育室に入り手洗い・排泄を済ませる。 ・なかなか片付けを始めない子どもがいる。 ・終わった子どもから自分の席につく。	・片付けの時間であることを伝え、一緒に片付けを行う。 ・一生懸命片付けた子どもを褒めるなど、自発的に片付けられるよう声をかける。 ・片付けを始めない子どもには、遊びの区切りを見極めながら、時計を見るように促したり、友達の片付けの様子を伝える。
10:00	●実習生	◎朝の会 ・『雨の遊園地』を歌う。 ・今日の日付、曜日などを確認する。 ・今日の活動の流れを聞く。 ・当番さんは前に出て挨拶する。	・全員が席についたことを確認して、その場に立つように伝える。 ・『雨の遊園地』を歌うことを伝え、ピアノ伴奏をする。 ・子どもたちが見通しや期待をもてるように今日の活動の流れを伝える。 ・当番さんの紹介をする。 ・ハサミを持って席につくように声をかける。
10:20	見本の図 裏 蓋を貼る位置	◎主活動「手づくりおもちゃを友達と楽しむ」 ・道具箱からハサミ・クレヨンをもって席につく。 ・見本を見て、製作を楽しみにする。 ・用意された紙皿の中からを好きな大きさのものを２つ選んで席につく。	・子どもの様子を見ながら製作の準備をする（各テーブルにシールのカゴを置く）。 ・子どもに紙皿でつくるコマの見本を見せながら大まかな製作の流れを説明する。 ・あらかじめ、折ったり切ったりするマーク、ペットボトルの蓋を貼る位置がついた紙皿（大中小）を用意する。

時間	環境構成	予想される子どもの活動	保育者（実習生）の援助・配慮点
10:30	**〈準備するもの〉** ・大中小の紙皿（あらかじめ切ったり折ったりするマークを書いておく） ・ペットボトルの蓋 ・カラーペン（各テーブルに一つ） ・ドットシール ・ホログラムシール（カットしておく） ・両面テープ	○ハサミを使う。 ・ハサミを使うときの注意を聞く。 ・「どうぞ」の合図で１つの紙皿に切り込みを入れる。 ・どこを切るのか分からない子どもがいる。 ・早く切り終わった子どもは、ハサミをお道具箱にしまい、紙皿に好きな色を塗る。	・ハサミを使う際の注意と紙皿の切り方を伝える。 ・「どうぞ」とハサミの使用の合図を伝える。 ・各テーブルを回りながら、必要に応じて援助する。 ・どこを切るか分からない子どもには、丁寧に説明をしながら一緒に作業する。 ・早く終わった子どもには、ハサミをお道具箱にしまって紙皿に好きな色を塗るように伝える。
10:45		○紙皿に色を塗る。 ・実習生の声かけに応じて、実習生の方を向いて説明を聞く。 ・実習生の方を向かない子どもがいる。 ・紙皿に好きな色を塗ったり、シールを貼ったりする。 ・色付けが終わった子どもは紙皿を縦･横に折り目を付ける。切り込みを入れたところも折る。 ・折り方が分からない子どもがいる。 ・折り目を付け終わった子どもは、実習生からペットボトルの蓋と両面テープを受け取り、×印の箇所に貼り付ける。 ・ペットボトルの蓋の付け方が分からない子どもがいる。 ・完成したら実習生に名前を書いてもらう。 ・早く終わった子どもは、分からない友達に教えてあげる。	・全員がハサミの作業を終えたら、一度全員に実習生の方を見てもらい、次の作業の説明をする。 （紙皿に色を塗る→縦・横に半分に折って少し折り目を付ける。×印にペットボトルの蓋と両面テープを貼る。） ・実習生の方を向いていない子どもは､名前を呼んで注目してもらう。 ・好きな色を塗るだけでなく、絵を描いたり、シールを貼ったりしてもよいことを伝える。 ・色付けが終わった子どもに折り方を教えながら見守る。 ・折り目を付け終わった子どもにペットボトルの蓋と両面テープを渡す。その際、蓋の付け方も再度伝える。 ・蓋の付け方が分からない子どもを援助する。 ・完成した子どものコマに名前を記入する。 ・早く終わった子どもに、やり方が分からない子どもに教えてあげるように促す。 ・全員のコマが完成したら、コマを回して遊んでみようと声をかける。
11:15	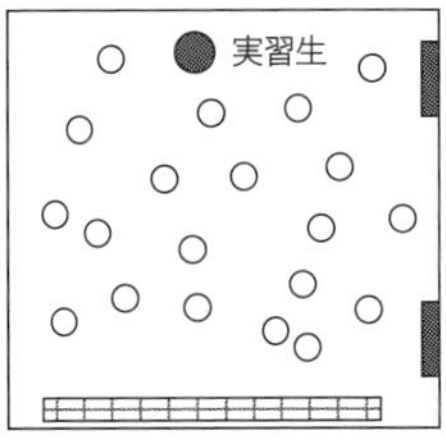 実習生	○コマを回して遊ぶ。 ・思い思いにコマを回して遊ぶ。 ・長く回ったことを喜ぶ。 ・どっちが長く回るか競う子どもがいる。 ・ぶつかってけんかになってしまう子どもがいる。	・テーブルを片付けて広いスペースをつくる。 ・好きな場所で回してみるように伝える。終わりの時間をあらかじめ伝える。 ・周りを見て友達のコマを踏んだりしないように気を付けるように伝える。 ・トラブルがあれば、必要に応じて解決できるように援助する。 ・ぶつけて遊ぶ遊び方もあることを伝える。

時間	環境構成	予想される子どもの活動	保育者（実習生）の援助・配慮点
		・狭くて回せない子どもがいる。 ・終わりの時間の合図を聞き、ロッカーにコマをしまう。	・スペースが限られる場合は、順番に回してみるように伝える。 ・時計を見ながら、終わりの時間が近づいたら声をかける。 ・時間になったら、ロッカーにしまうように促す。
11:30	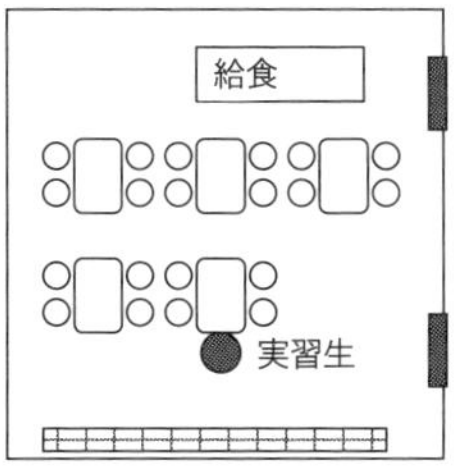 給食 実習生	○手洗い・排泄 ・排泄を済ませ、手洗いをする。 ・自分のコップを出し、麦茶を取りに行く。	・手洗い・排泄に行く子どもを見守りながら、昼食のためのテーブル・椅子の用意し、机を拭く。
11:40		◎昼食 ・当番の子どもは保育者と一緒に調理室から食事を運ぶ。 ・当番以外の子どもは麦茶をもらい、自分の席につく。	・当番の子どもと調理室から給食を運ぶ。 ・机を拭き、給食を配膳する。
11:50		・配膳、メニューの紹介が終わったら「いただきます」をする。 ・友達と会話しながら楽しく食事をする。 ・食べ終わった子どもは「ごちそうさま」をし、片付け、歯磨きをする。	・今日のメニューを紹介し、当番の子どもに「いただきます」を促す。 ・子どもたちを見守りながら一緒に食事をする。 ・食事が進まない子どもには様子を見て声をかける。 ・自分の食事を食べ終え、片付け・歯磨きを見守る。
12:50		・当番の合図で全体で「ごちそうさま」をする。	・当番に「ごちそうさま」をするように声をかける。
13:00		◎自由遊び（室内） ・保育室で好きな遊びをする。（ブロック、お絵描き、粘土、絵本…） ・片付けの時間になったら片付けをする。 ・手洗いに行く子どもがいる。	・子どもの遊びを見守る。 ・片付けの時間について声をかける（時計の長い針が6になったら片付けを始めましょう）。 ・手洗いが必要な子どもに声をかける。
13:40	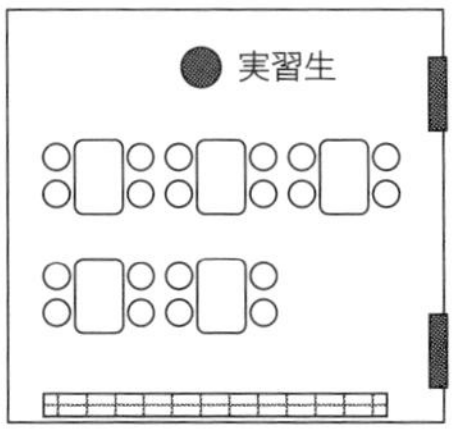 実習生	◎帰りの会 ・持ちものを自分の机に置いて座る。 ・保育者の声かけに合わせて手遊びをする。 ・絵本『だるまちゃんとかみなりちゃん』を楽しむ。 ・明日の予定について聞く。 ・起立して、歌『にじのむこうに』『おかえりのうた』を歌う。 ・当番の子どもの声がけで「さようなら」の挨拶をする。	・帰りの会を始めることを伝え、荷物を持って自分の席に座るように促す。 ・全員が座ったら手遊びをして子どもたちに注目してもらう。 ・絵本を読む。 ・明日の予定について伝える。 ・起立を促し、ピアノを弾く。 ・一緒に挨拶をする。
14:00		○降園 ・お迎えが来た順番に実習生とタッチして降園する。	・保護者に挨拶して子どもを送りだす。

③重症心身障害児入所施設（部分実習）

部分実習指導計画案

学籍番号＿＿＿＿＿＿　氏名＿＿＿＿＿＿

実施年月日　（ 6 ）月（ 15 ）日（ 水 ）曜日
対象児　（ 3・4・5 ）歳児（ 4 ）名

主な活動【『かえるのがっしょう』に合わせてリズム遊びをする】	
〈子どもの実態〉 ・歌を聴いて楽しむ様子が見られる。 ・身体の動かせる部分を使い、楽器を鳴らすなど音に興味をもつ姿がある。	〈ねらい〉 ・楽器に触れ、楽器の音・形・色・手触りなどに気付く。 ・歌に合わせて手足や身体を動かしてリズム遊びや感覚遊びを楽しむ。

時間	環境構成	予想される子どもの活動	保育者（実習生）の援助・配慮点
10:00	環境構成図 A （実習生、歌詞、車イス、ベッド型車イス、支援者）	【導入】 ・『一匹のカエル』を聴く。 ・手を揺らし実習生の真似をする姿がある。	【導入】 ・手遊び『一匹のカエル』を行う。
10:02	必要物品 スズ　4つ ペープサート（赤・青） 歌詞を書いた模造紙	【展開】 ・『かえるのがっしょう』を聴く。 ・スズを自由に見たり触ったりする。 ・スズを受け取り触ってみる。 ・好きなようにスズを鳴らす。	【展開】 ◎『かえるのがっしょう』に合わせてリズム遊びをすることを伝える。 ・まず一回歌ってみせる。 ・次にスズを紹介する。 ・一人一人にスズを渡す。 ・音を鳴らすことを楽しむ時間をつくる。 ・スズをいったん回収する。 ・リズム遊びの際には色でチーム分けをし、自分の色のときにスズを鳴らすことを伝える。
	『かえるのがっしょう』 （歌詞） かえるのうたが きこえてくるよ クワクワクワクワ ケケケケケケケケ クワクワクワ	・ペープサートを見る。 ・支援者にスズ付きリボンをつけてもらう。 ・ペープサートを見ながら、自分の色のときにスズを鳴らす。 ・ペープサートを見ながら、自分の色のときにスズを鳴らす。 ・笑顔を見せる子どももいる。	・いつ鳴らすのか見て分かるよう歌いながら赤・青のペープサートを見せることを伝える（クワクワの時が赤、ケケケケのときが青）。 ・歌詞を書いた模造紙を貼り、支援者も参加できるようにする。 ・子ども2人に赤のスズ付きリボン、のこりの2人に青のスズ付きリボンをつける。 ・一度練習をする。どのリボンの子どもがいつスズを鳴らすのか分かるようにペープサートを見せながら歌う。 ・では、本番をやってみましょうと伝え、もう一度『かえるのがっしょう』を歌う（時間があれば赤と青チームを交代して同じ遊びを行う）。 ・うまく音が鳴らせたねと伝える。
10:10 10:20	環境構成図 B （大人2人がシーツの上に子どもを寝かせてゆらす）	【まとめ】 ・シーツにゆられ不思議そうな顔をする。	【まとめ】 ・一人一人順に、『かえるのがっしょう』の歌に合わせてシーツゆらしをする（支援者の方1人に手伝いを依頼する）。 ・全員のシーツゆらしが終わったら、またやろうねと声をかけ、スズ付きリボンはプレゼントだよと伝え、終了する。

(5) 指導計画案の実践と反省・自己評価

指導計画案は作成したら必ず読み返すとともに、実践の前に配属クラスの担任の先生や実習担当の先生に見ていただき、修正します。活動のねらいや内容が子どもに適しているか、環境設定や準備が適切か、子どもが楽しさや満足感、充実感が得られるかを確認しましょう。

また指導計画案は、あくまで予想、仮説です。実際にやってみると想定とは違うことはよくあります。計画通りに進めることにこだわりすぎないようにしましょう。「子どもを指導計画案の通りに動かす」ことに注力してしまいかねません。大切なのは子どもを尊重し、楽しく活動できるか、ねらいの達成に向かっているか、という点にあります。そのために、その場で自分（実習生）の動きや流れなどを調整するなど、柔軟に対応できるようにしましょう。そうした実践中の計画の変更を「環境の再構成」といいます。

実践後は、振り返りを行います。ここで行う反省と自己評価が、その後の実習生の成長を左右するといっても過言ではありません。以下の内容について、自身で評価を行うとともに、園の先生方から助言を受け、次につなげていきましょう。

・ねらい、内容の妥当性
・環境構成や援助・配慮の適切性
・自分（実習生）自身の姿勢、動き、子どもとの関わり方

巻末ワーク12

この章を参考に、自分で指導計画案を立ててみましょう。
（※何歳児・何人を対象とするのかを決めて（仮定して）書き始めると書きやすいです。）

第6章 教育実習

この章の学びポイント

- 教育実習についての基礎知識を学ぶ
- 教育実習での一日を知る。そのうえで実際に実習生が留意しておくべき事項についておさえる
- 幼稚園（保育所、施設含む）で行われている多様な保育形態を知る

1. 教育実習とは

（1）教育実習の意義と目的

教育実習とは、学生であるあなたが実地に赴き（幼稚園・認定こども園に行き)、実物に触れながら（幼稚園教諭・保育教諭、そして子どもたちと関わりながら）学ぶ（習う）期間であるといえます。実地で実物に触れながら習う機会なので“実習”ということです。なお、あらためて強調しますが、幼稚園教諭を目指しているあなたは実習を行うことが求められます。学校で得られた知識・技術を支えに実習へ赴くのですが、当然保育現場でこそ得られる学びが多く存在します。はっきり言ってしまえば、学校での学びが全く役に立たない場面に多く遭遇することもあるでしょう。とはいっても学校の学びに意味がないということではありません。その支えがあるからこそ、実習で遭遇するいわゆる葛藤の場面に対処できるといえます。

教育実習は、幼稚園教諭を目指す学生であるあなたにとって、その適性を知る

機会となります。さらに将来の職業として幼稚園教諭を選んだ際の準備期間として位置付けることもできます。

教育実習は幼稚園教諭の役割を実体験する場でもあります。実習生であるあなたがその役割を経験することはもちろんですが、実際に実習園で職務を行っている様々な先生たちの様子をよく観察しながら学校で学んだ理論[*1]をその実態としっかりとすり合わせる作業を行うことが重要です。つまり理論と実践を結び付ける機会こそ教育実習であり、それを行う意義であるといえます。

また、幼稚園免許を取得するには教育実習を必要とする旨が教育職員免許法施行規則において示されています（表6-1参照）。表より免許取得のためには様々な科目、そして事項について学ばなければならないことが分かりますが、特段“教育実践に関する科目”については教育実習がより大きなウエイトを占めていることを認識するよう強調しておきます。

【教育職員免許法施行規則より抜粋(筆者作成、太枠は筆者による強調)】

第二条 免許法別表第一に規定する幼稚園教諭の普通免許状の授与を受ける場合の教科及び教職に関する科目の単位の修得方法は、次の表の定めるところによる。

表6-1　教育職員免許法施行規則 免許法別表第一

<table>
<tr><th colspan="2">第一欄</th><th>教科及び教職に関する科目</th><th>前項の各科目に含めることが必要な事項</th><th>専修免許状</th><th>一種免許状</th><th>二種免許状</th></tr>
<tr><td rowspan="7">最低修得単位数</td><td rowspan="2">第二欄</td><td rowspan="2">領域及び保育内容の指導法に関する科目</td><td>領域に関する専門的事項</td><td rowspan="2">一六</td><td rowspan="2">一六</td><td rowspan="2">一二</td></tr>
<tr><td>保育内容の指導法（情報機器及び教材の活用を含む。）</td></tr>
<tr><td rowspan="5">第三欄</td><td rowspan="5">教育の基礎的理解に関する科目</td><td>教育の理念並びに教育に関する歴史及び思想</td><td rowspan="5">一〇</td><td rowspan="5">一〇</td><td rowspan="5">六</td></tr>
<tr><td>教職の意義及び教員の役割・職務内容（チーム学校運営への対応を含む。）</td></tr>
<tr><td>教育に関する社会的、制度的又は経営的事項（学校と地域との連携及び学校安全への対応を含む。）</td></tr>
<tr><td>幼児、児童及び生徒の心身の発達及び学習の過程</td></tr>
<tr><td></td></tr>
</table>

＊1　幼稚園教育要領解説において教師の役割が記載されています（幼稚園教育要領解説、文部科学省、2018年、pp.109-110）[1)]。それは、子どもの心のよりどころ、憧れを形成するモデル、共同作業者、理解者、援助者です。詳しくは『保育者論－主体性のある保育者を目指して』（野津直樹・宮川萬寿美編著、萌文書林、2024年、pp.10-11）を参照ください[2)]。

最低修得単位数	第三欄	教育の基礎的理解に関する科目	特別の支援を必要とする幼児、児童及び生徒に対する理解	一〇	一〇	六
			教育課程の意義及び編成の方法（カリキュラム・マネジメントを含む。）			
	第四欄	道徳、総合的な学習の時間等の指導法及び生徒指導、教育相談等に関する科目	教育の方法及び技術（情報機器及び教材の活用を含む。）	四	四	四
			幼児理解の理論及び方法			
			教育相談（カウンセリングに関する基礎的な知識を含む。）の理論及び方法			
	第五欄	教育実践に関する科目	教育実習	五	五	五
			教職実践演習	二	二	二
	第六欄	大学が独自に設定する科目		三八	一四	二

（2）教育実習の内容と方法

教育実習では、実習生であるあなたが実習園である幼稚園や認定こども園へ直接出向き、そこで行われている教育活動の実際に身を置きます。そしてあなたは実習園で教育活動の観察や援助を行うこととなります。観察や援助を行うための事前準備として計画を作成する必要もあります。特に部分実習や責任実習を行うための各指導計画案の作成には時間をかけて[＊2]取り組む必要があります。その経験こそ実習生が教育実習を行う際に葛藤すべきものとなり、それこそ教育実習の内容の核であるといえます。

また、実習生には実習園にて積極的に学ぼうとする姿勢が求められます。実習中に疑問に思うことを自分から先生方に尋ねたり、反省会の機会が得られればそれに向けて話したいことや伝えたいことを事前に考えたりする等、意識して行うとよいでしょう。本物の幼稚園教諭の指導・助言は、どれをとっても実習生への“金言”です。あなたはそれを真摯に受け止めながら実習を進めていくことで、より充実した教育実習とすることができます。時に学校で学んできたこととのズレのようなものを感じるときもあるかもしれません。それこそ保育における葛藤[＊3]として自身の中に受け止め、より深い学びへとつなげるチャンスが訪れたと解

＊2　まず、実習へ行く前に学校内で行われる事前指導の授業（筆者の所属校では“教育実習指導”という科目名）で各指導計画案を作成します。実習園での子どもたちの実態を踏まえつつ作成することは、学校内だけではとても難しい（実際に実習園へ足を運び、そのうえで作成できれば可能かもしれませんが現実的には難しいでしょう）ことです。そのため事前に学校で作成した指導計画案を実習中に修正する必要があります。あなたが教育実習中に知り得た子どもたちの実態をその指導計画に反映させます。もちろん現場の先生方の指導助言を受けながら修正を行う必要があります。何度もそのやりとりを行うことで少しずつよりよい指導計画案を目指していきます。

＊3　保育に正解はありません。明らかな不正解はありますが。不正解には子どもへの不適切な行為が該当します。本章2節（3）危機管理においてもふれています。

釈すべきです。

先述の通り、実習中には学校での学びが支えになることでしょう。支えをより強固なものとするには、日頃の授業や自主学習（予習・復習）を疎かにしてはなりません。特に授業として行われる事前指導では、教育実習に関するより具体的な学びを得る機会となるでしょう。これらを支えにあなたは実習へと旅立ちます。

少し気が早いかもしれませんが、実習終了後には自身の教育実習を省察する機会が必要です。自身の時間を用いてじっくりと振り返ることが重要です。また学校では、実習の事後指導としての授業が準備されています。そこで共に学ぶ仲間たちと教育実習をあらためて振り返ることもとても有意義な経験となります。そこで振り返るために用いた手法を自身でもち帰って、再びじっくりと振り返ることもとても有意義な経験となります。どうあれ、実習を振り返ることで得られる学びが、実習そのものをより豊かなものへと昇華していくことでしょう。

何よりも、教育実習は本物の子どもたちと出会い、本物の幼稚園教諭と出会うとても貴重な体験学習の機会です。この時間を無駄にしないよう、事前準備や計画を入念に、かつ前向きな姿勢で取り組めるよう準備を整えていきましょう。

2．幼稚園の一日の流れと子どもとの関わり

（1）幼稚園の一日の流れ

子どもたちが幼稚園での一日をどう過ごしているかについては幼稚園によって実に様々です。ここでは、一例として筆者と関係の深い園の一日の流れを実習生へのアドバイスを添えながら簡単に紹介します*4。実習園での一日については実習生のあなたが事前にオリエンテーション（実習前に実際に園へ行って話を伺う機会）等で確認しておくことを推奨します。

①出勤　7:30〜

当然、子どもたちが登園するよりも早く教職員たち*5は幼稚園へ向かいます。実習生も例外ではありません。実習生は全員の教職員へ元気よく挨拶を行うとよいです*6。挨拶は自己存在の証明手段です。積極的に行っていきたいです。

＊4　ケイタ先生の一日としてより具体的な例を『保育者論－主体性のある保育者を目指して』（野津直樹・宮川萬寿美編著、萌文書林、2024年、pp.12-20）にて示しています。ぜひこちらも参照ください2)。

＊5　筆者の馴染みの園では、幼稚園教諭（クラス担任、フリー教員、園長、副園長）、事務員、運転手がいます。

＊6　一人一人に丁寧に挨拶を行うことがベターですが、規模の大きい園ではなかなかそうもいきません。出勤したらすぐに職員室に向かい、そこにいる教職員全員に聞こえるような声量（大きすぎてもいけない！）で元気よく「おはようございます。今日も一日よろしくお願いします。」といったような挨拶を行うとよいでしょう。その際に職員室にいなかった教職員に対してはその都度挨拶を行います。“職員室にいるorいなかった問題”は問題ではありません。挨拶が2回、3回になってしまったとしても行わないよりもはるかによいです。「さっきも挨拶されたよ」位で全く問題ありません（正直、人にもよりますがそれこそ全く気にすることはありません！）。

②環境構成Ａ 8:00〜

まずは園内外の掃除を行います。その後、各教室の準備に取り掛かります。さらに登園してきた子どもたちが遊ぶことができるよう、室内外の環境構成を行います。実習生も率先してこういった準備の援助を行います。心も体も精一杯動かしていきましょう。準備を行っている先生*7たちへ自ら聞きに行く姿勢（「私がやります！」というような）もあるとよいです。

なお、園行事が行われる日等は、この限りでないこともあります。この場合は遊戯室（大きなホールのような部屋）や体育館等で行事に向けた準備を全員で行います。実習生も一緒になって準備方法を伺いながら（当然分からないことも多いので一つ一つ先生に確認しながら）共に準備を進めます。もちろん前日に行事の準備を済ませている場合もあります。この場合は後述の⑪環境構成Ｂのときに行います。

③登園 9:00〜

子どもたちが少しずつ登園してきます。歩きコース（園まで保護者が連れてくる）とバスコース（幼稚園バスで家の近くまで迎えに行く）の子どもたちが、それぞれのタイミングで登園します。子どもたちと保護者を笑顔で元気よく挨拶しながら温かくお迎えしましょう。このときに子ども一人一人に声をかけるとよいです。「今日も元気だね」とか「暑いね（涼しいね、寒いね）」等、簡単な言葉で大丈夫です。それだけで子どもたちも保護者も安心して実習生の存在を認識してくれます。保護者によっては話しかけてくるきっかけにもなります。

④子どもたちが好きな遊びを行う時間Ａ 9:30〜

子どもたちの登園時間は先述したコースによって異なります。同じ歩きコース内でも家庭によって異なります。イメージとしては登園次第、自分のお部屋（クラス）で準備を済ませてから自由に遊びを行うといった感じです。実習生はまず子どもたちの準備の援助を行うとよいでしょう。具体的には靴・上履きの着脱から始まり、制服の着替え（遊びやすい服装に着替えます）、荷物をロッカーにしまう、カバンからお便り帳を取り出し今日のシールを貼る等の手伝いとなります。子どもたちのペースを大切にしながら*8丁寧に声をかけ援助を行いましょう。

好きな遊びを行う時間では、子ども一人一人がしたいことを自由に選択して遊んでいます。筆者の経験上、園庭に出て遊んでいる子どもがほとんどですが、中には部屋の中でじっくりと遊んでいる子どももいます。どちらにせよ、実習生は

＊7 以降、便宜上“幼稚園教諭”のことを“先生”として表記します。

＊8 言うまでもなく、子どもたちが自分でできることは自分で行う、ということを大切にするべきです。ただし子どもによってそのペースが異なります。実習が始まったばかりのときには、その実態に気付くことなく援助してしまうことが多いです。「Ａさん（子ども）は○○についてゆっくりだけどできるから、少し様子を見てあげてね」等の声を先生たちから頂くのはそのためです。実習を進めていくことで、そして子どもたちを注意深く観察していくこと（記録を行うことも含みます）で、少しずつその実態を理解していくことができます。それこそ実習生も焦らずに一つずつゆっくりと子どもたちと関わっていきましょう。

子どもがしたい遊びを大切にしながら関わっていきます。共同作業者として子どもと一緒に遊ぶことが大切です。

⑤朝の会　10:00～

各クラスで朝の会を行います。実習生も先生が行う活動に合わせてその援助を行います。実習園の先生たちは実習生に対して（援助といえるほどのことはできないまでも）歌を一緒に歌ったり（事前に伺い、歌えるようになっておきたいものです)、歌に合わせて手拍子を行ったりすることを期待しています。こちらも元気よく、です。笑顔も忘れずに。

⑥クラス別活動　10:30～

クラス毎に一斉保育（詳細は本章２節（２)）を行います。ここでも実習生は先生が行う活動の援助を行います。先生の活動の妨げにならないようにしながら、子どもたちの間を“行き来する”イメージで子ども一人ずつを見守り、声をかけたり、手を差し伸べたりする[*9]とよいです。

⑦昼食　11:30～（給食・お弁当）

子どもたちと昼食を共にします。ここで一例としている園では月・水曜日がお弁当の日、火・木・金が給食の日となっています[*10]。お弁当の日には、実習生も自作の弁当を持参する必要があります。子どもたちとコミュニケーションをとりながら楽しく昼食を過ごしましょう[*11]。

⑧子どもたちが好きな遊びを行う時間Ｂ　12:30～

Ａのときと同様、子どもたちと一緒に共同作業者として関わっていきます。実習生も昼食で満腹感と共にある中かもしれませんが、精一杯子どもたちと一緒に遊んでいきましょう。

⑨帰りの会　13:30～

クラス毎に帰りの会を行います。朝の会と同様、実習生は先生の援助を行います。やはり子どもたちと一緒に元気よく歌ったり、手拍子を行ったり、積極的に行いましょう。実習の進み具合によっては、絵本の読み聞かせや手遊びを任されることもあります。突然に頼まれても困らないように事前準備が必須です。絵本は何冊か学校の図書館等で手に入れておく、手遊びはいくつかしっかりと練習しておくとよいでしょう[*12]。

⑩降園　14:00～

子どもたちが順次降園していきます。歩きコースの子どもたちは保護者が園に

＊9　まさに幼稚園教諭の役割としての援助者としての関わりです。

＊10　実習園によっては、給食の日とお弁当の日が決まっています。毎日が給食あるいはお弁当の園もあります。なお、実習生のあなたが持参する弁当、くれぐれも購入してきた弁当等をそのまま持参しないように…。

＊11　コロナ禍による影響で、いわゆる“前向き給食、黙食”等が行われてきた経緯もあります。また実習生が別の部屋で（実習生同士で）昼食をとる場合もあると聞いています。いずれにせよ、実習園での実施方法にしっかりと従い、実習を進めていくことが大切です。

＊12　なお帰りの会に限定されませんが、こういった実習生による活動を部分実習として、指導計画案を作成したうえで臨むこともあります。この場合は事前に指導計画案のやり取りを担当の先生と行うこととなります。

お迎えに来ます。バスコースの子どもたちは、バスに乗って帰っていきます。登園時と同様、子どもたちと保護者を笑顔で元気よく送っていきましょう。

⑪環境構成B　14:30～

子どもたちが降園を済ませた後、園内外の掃除を行います。環境構成Aと同様です。次いで明日以降の活動準備を行います。園行事を控えている場合は、その準備を行うこともあります。どの場合においても、実習生はその準備の援助を行います。

⑫事務仕事　15:00～

先生たちは自分のクラスにて事務仕事を行います。子どもたちの様子を記録したり（出欠管理を含みます）、指導計画案を作成したり、保護者への連絡をしたり（欠席した子どもの対応等）とその範囲は多岐に渡ります。また、実習生への対応もこの時間に行っています。具体的には、先生と実習生で話をしながら今日一日を振り返る時間としています。

⑬打ち合わせ　15:30～

職員室に全教職員が集まって打ち合わせを行います。今日一日の振り返り、明日行う活動の再確認等を行います。振り返りの中では、園全体で共有すべき子どもたちの様子について意見交換を行います。実習生の様子もこの場で共有します。この園では実習生も打ち合わせに参加することとなっています（園によっては参加しない場合もあります）。実習生がこの場で意見を求められた際（「今日一日どうでしたか？」のようなことです）には、一日のお礼をしっかりと述べた後、自身の反省や疑問を述べるとよいでしょう。言うまでもないことかもしれませんが、園に対する否定的な発言は控えた方がよいです*13。

⑭退勤　16:30～

先生たちは自分のクラスで残務処理を行った後、それぞれ退勤していきます。実習生もこのタイミングで一日の実習が終了します。出勤時と同様、挨拶でもって自己存在の証明を行ってください。

⑮その他、留意しておきたいこと

園によっては預かり保育を行っています。この園でもほとんどの子どもたちは14時過ぎに降園しますが、数名そのまま園に残って先生たち（預かり保育担当の先生もいます）と共に過ごします。実習生が預かり保育の援助を行うこともあります。預かり保育は子ども一人一人とじっくりと関わることができる機会として捉えるとよいでしょう。

ここまで①～⑭まで、幼稚園での一日を便宜上分けて述べていきましたが、特

＊13　なお稀に遭遇する可能性がある園での不適切な保育への対応については、本節（3）危機管理にて後述します。

に子どもたちがいる時間である③登園から⑩降園までの"活動の合間"に対して実習生として意識を置いておく必要があります。例えば、⑤朝の会と⑥クラス別活動の合間では子どもたちがトイレに行ったり、先生たちが準備を進めていたり（机や椅子の移動や何か製作をする際にはその道具や教材のセッティング等）、何かのハプニングが起きたときの対応をしていたり等、実に様々な行動が存在します。実習生もそれをただ眺めているのではなく、先生と一緒になって"活動の合間"を"つなぐ"ことを意識しておくべきだと強調しておきます。なお、先生から「ちょっと次の活動まで子どもたちをよろしくね」といった声がかかることもあります。手遊びや素話、時間があれば絵本を読むなど、事前につなぐことを意識した準備をしておくことを推奨します。

最後に、子どもが怪我をしたとき、怪我はなくても何かトラブルが起きたとき（すぐイメージできそうなものとして子ども同士のケンカ等）には実習生はすぐに先生へ知らせる必要があります。子どもたちに何かがあったときは、必ず先生へ伝えるようにしましょう。

（2）多様な保育形態を知っておく

実習園で行われているであろう保育形態、保育方法について、代表的なものをいくつかここに述べておきます。いずれの場合も実習生として経験できることは、あなたがこの業界に身を置いた際の大きな糧となります。精一杯取り組んでいきましょう。

①自由保育

子どもたちが思い思いの活動を自ら選び遊ぶことをいいます。幼稚園教諭は（保育士も保育教諭も、以降は付記しません）そのときに考え得る遊びを事前に計画し、準備しておくことが重要です。さらに子どもたちが遊んでいるときに幼稚園教諭が適切な言葉がけ、援助を行う必要もあります。子どもたちをただ"遊ばせているだけ"、といった放任状態にするということではないと強調しておきます。

実習生はその計画に参加することは難しいかもしれません。それよりも今は、子どもたちと共に遊びを楽しむ姿勢の方が大切といえます。

また、先述した"合間"の時間に子どもたちが自由に遊ぶ様子も自由保育と捉えることができます。こちらは計画されたものとは少し異なる自然発生的な遊びであるともいえます。このときも実習生は共にその遊びを楽しんでいきましょう。

②一斉保育

幼稚園教諭が計画した活動を、主にクラス内の子どもたち全員で行う保育形態のことを一斉保育といいます*14。計画した活動を子どもたちにそれこそ一斉に

“やらせる”ような見方をよくされてしまう故、先述した自由保育と対比され、その保育形態に対してはしばしば非難されてしまうことがあります。しかしながら、一斉保育の中にも子どもたちが自ら楽しむ姿を見ることができます。全員で一緒に歌を歌うことは子どもたちにとっては、とても有意義で楽しい活動となり得ます。共に同じものを製作すれば、その製作の過程の中で子ども一人一人の個性がにじみ出てきて、そこに子どもたちは有意義で楽しい瞬間を見出すものです*15。

③異年齢児保育（縦割り保育）

同年齢の集まりであることが多いクラス活動ではなく、そういったクラスを解体して異年齢児同士が関わり合うことができるような保育形態を異年齢児保育、縦割り保育といいます。なお縦割り保育については第７章１節（５）で述べています。そちらを参照ください。

④リトミック

子どもたちが音楽とそのリズムに合わせて全身を動かして楽しむ活動であるリトミックが幼稚園ではよく行われています。そしてリトミックを行う際にはピアノがよく使われています。実習生としてピアノを学校、自宅でよく練習して実習に臨むことを求めている実習園・学校がまだ多いと筆者は考えています。子どもたちが身体全体で音楽を楽しむために用いられる楽器はピアノに限定される必要はなく、ギターやリズム楽器等でもリトミック活動を行うことは可能です。ピアノの練習を妨げる意図は全くありません（ピアノを用いた保育の素晴らしさも筆者は知っています*16）が、自分が最も得意とする楽器を用いて実習に臨むことも子どもたちにとっては楽しい経験になると考えています。

⑤絵本の読み聞かせ

実習生には、絵本を子どもたちと一緒に読む、あるいは子どもたちに読み聞かせる機会が頻繁に訪れることとなります。そのためには普段から実習生が絵本に

＊14 一斉保育とは「保育者が指導のねらいや方向性を前面に出し、子どもに経験させたい活動を同一の時間、場所、内容、方法で一斉に経験させる保育形態のこと」（谷田貝公昭編『保育用語辞典』一藝社、2019年、p.18）と定義されています。さらに「一斉保育は「保育者中心」と捉えられる向きもあるが、子どもの側からいえば、一斉に行う活動の形態と考えられる。保育者中心の保育観では、一斉に硬直化した指導が行われることになるが、子ども中心の保育観では、活動の導入は保育者でも、活動は子ども主導で展開されることから活動目的や見通しなどが自覚され、自由度のある活動からの広がりや深まりなどが期待される」（同書）と追記しています3)。なお設定保育も同じような意味合いで使われることがあります。ただし設定保育は「保育者が意図的に活動を計画、設定することに重点が置かれ、一斉に活動を行うことに重点が置かれていない」（森上史朗・柏女霊峰編『保育用語辞典』2022年、p.113）としています。つまり計画はするが子どもたち全員で一緒に行うことを想定していないということになります。それゆえに「定義上は、１人の子どもの活動における設定保育というものも存在することになる」（同書）ともいっています4)。

＊15 筆者の経験したエピソードを追記しておきます。わりとよく起こる事例でもあります。子どもたちが一斉保育としてクラス全員で鬼のお面をつくっていたときのことです。色画用紙（子ども一人一人が好きな色を選んでいます）に大きな丸を子どもが書いて、それにそってハサミを用いて切り取っていました。しばらくすると、ある子どもが切り取った方の丸（これが当然鬼のお面となるのですが）ではなく、切り取られた丸にならない部分を使って遊び始めました。切り取られて空間となった丸から顔を出して「みてみて！」「ばあ！」等と言っていました。一人がそれを行えば一気にクラスのほとんどの子どもが真似を始めます。クラス中に様々な声が飛び交います。このように計画された活動を行っている際にも、子どもたちは自ら進んで遊びを見出していきます。

＊16 そのたとえとして、子どもたちが思い思いに室内で遊んでいる際、ピアノの“ラ”一音で部屋の空気が一変し、子どもたちの意識がピアノの方へ集中する様子を筆者は実際に何度も見てきています。

多くふれておく必要があります。読んだ絵本をリスト化するような習慣をつけておくとよりよいかもしれません[*17]。

これまで述べてきたことだけでなく、他にも多くの保育形態が存在します。以下、二つについてごく簡単にふれておきます。実習園がこれらを導入している場合にはより深く知っておく必要があります。この場合においては、事前に積極的に文献やインターネットを用いて調べておきましょう。

モンテッソーリ教育…「モンテッソーリが、子どもの観察、実践を通して生み出した科学的教育方法「モンテッソーリ・メソッド」を用いた教育（保育）」[*18]をいいます。またこの際に使用される教材をモンテッソーリ教具と呼びます。これを行う者には、モンテッソーリ・メソッド（教育方法）に対する知識・技術が必要とされます。実習生として求められる姿勢としては、先述したように事前によく調べておくことを前提として、実習園でこれが行われている様子をよく観察し、多くの質問をし、そこでの実践を通じて理解を深めていくことが重要です。

レッジヨ・エミリアにおける保育実践…イタリアにあるレッジヨ・エミリア市発祥の保育実践をいいますが、その特徴として、子どもが主体として学ぶ、環境を重要視する、ドキュメンテーション[*19]の活用、長期的に継続して行われる活動、子ども同士・先生と協働して学ぶといったこと等があげられます。繰り返しになりますが、もし実習園で実践されている場合には、事前によく調べたうえで実習中によく観察・質問をしながら実践を通した理解を深めていくことが大切です。

（3）幼稚園をめぐる諸課題

幼稚園では子どもたちのために、そこで働く教職員全員が日々努力・研鑽を重ねつつ教育活動を葛藤と自信を併せもちながら行っています。これが真実です。筆者自身がかつて共に働いてきた者として誇りをもって言うことができます。ここでは、その葛藤部分について幼稚園をめぐる諸課題と称していくつか述べておきます。

①多様な家庭環境への対応

元々地域によっては外国籍の子どもが多いところもありますが、昨今のグローバル化を背景としてより一層そういった子どもたちへの支援や対応を幼稚園は考えていく必要があります。さらに、社会全体としてひとり親家庭や共働き家庭への支援が急速に進んできていることも、多様な家庭環境への対応として位置付け

＊17 筆者の同僚が授業を通じて作成しているようなリスト（おだたん絵本100選）もあります。こういったものは実習中に大きな“戦力”となり得ます。
＊18 谷田貝公昭編『保育用語辞典』一藝社、2019年、p.385より一部抜粋[5)]。
＊19 レッジヨ・エミリアの保育実践におけるドキュメンテーションについては筆者による論文（野津直樹著『ドキュメンテーションの導入と活用』2023年、小田原短期大学研究紀要第53号）にて詳細に述べています[6)]。

ながら、その支援・対応を行っていく必要があります。

②ICT*20の活用

幼稚園現場においても、園児・教職員の登降園・出退勤管理や、バス運行管理(遅延情報の共有化等)、ドキュメンテーションの作成・公開、デジタル教材の活用等、保護者や園児そして教職員の様々なサポートを目的として広範囲に渡りICTの活用が進んでいます。コロナ禍もあり、その必要性に迫られた*21社会全体の雰囲気がよりICT活用を浸透させていったとも考えられます。実習生にとっても日誌や指導案のICT化が少しずつですが業界全体として拡がってきているといえます。詳しくは第9章を参照してください。

③危機管理(園児虐待・バス事故)

園バスに子どもが閉じ込められてしまい命を落としてしまったような事故や保育者による園児虐待のケースが生じている現実があります。どちらにせよ、その状況を発見した時点ですぐに実習生のあなたが救出すべきです。バスのドアの開け方等わからない場合は、傍にいる先生にすぐ駆けつけてもらうよう急いで声かけをすべきです。園児虐待を発見(疑わしいことも含め)次第、責任者(園長やそれに準ずる先生、副園長や主任等)に伝えてください。その場で判断がつかない(虐待かどうかの)、勇気が出せない場合もあります。そのときはあなたが在籍している学校の先生に知らせることも手段の一つとなります。

どちらのケースもとても稀なことと考えています。日常的に実習生が厳しい目で見続ける必要はありませんが、気付いたときには対応する必要があります。

幼小連携・接続(幼稚園と小学校を接続する、架け橋を構築する)については、長く検討し続けられています。個人的には、もはや日本における永遠に解決しえない課題ではないかと思えてしまうほど、ずっといわれ続けていることです。そんな中、2018年度の幼稚園教育要領改訂により「幼児期の終わりまでに育ってほしい姿」(通称として“10の姿”といわれています)が示されました。これは幼小連携・接続に伴う諸課題を打破するキーコンテンツとして生まれたものと考えられます。もちろん小学校の学習指導要領にも記載されていて、この“10の姿”をそれこそ幼小の架け橋として活用し、より幼少連携・接続が進んでいくことが期待されています。

先述した家庭環境が多様化していくことに伴い、保育所のニーズが増加してきたこと、加えて認定こども園等の選択肢が与えられたことにより、幼稚園に限らずどの園・施設においても園児を獲得することが困難な状況が生まれてきていま

＊20 情報通信技術の総称です。Information and Communication Technologyの頭文字をとってのICTです。
＊21 筆者も同様に、PC上のカメラを用いたリアルタイムの会議を行ったり、授業動画を作成したり、それに関する授業課題を回答フォームを用いて行ったりと、多くのICTの技術を身に付けることとなりました。

す。

さらには社会全体の諸課題でもある少子化の波は、幼稚園にとっては（もちろん保育所や認定こども園にとっても）人手（成り手）不足という現象を生じさせています。それに伴い、保育者の保育の質の向上・担保についても考えなければなりません。実習生であるあなたはその成り手として最前線にある人材です。学生時代にできることとして、学校・自宅において大いに勉学に励むことで、その質の向上・担保を目指していってください。それを財産にして実習に臨んでいきましょう。

幼稚園実習前に 巻末ワーク5 で自己課題を立てましょう。そして終了した後は 巻末ワーク10 で事後の振り返りを行い、新たな自己課題をみつけましょう。

第7章 保育実習

この章の学びポイント

・保育実習Ⅰ（保育所）および保育実習Ⅱについて学ぶ

・保育所の実際を知る

1．保育実習の基礎知識

（1）保育実習の意義と目的

保育士とは保育・福祉に携わる仕事に就く人の職名で、保育士が働く場は各種様々です。保育所や幼保連携型認定こども園をはじめとする児童福祉施設全般、そして社会福祉施設でも働くことができます。様々な場で活躍できる保育士の資格を取得するためには、規定の学習を行い単位を取るだけではなく、保育所・施設での実習が必須となっています。

保育所と幼稚園の違いについては第１章１節（２）に示されており、根拠法や管轄が違うことを学んだと思います。それ以外の違いとして、保育所に通う子どもの対象年齢が０～５歳と幼稚園と比較して幅広い年齢層であること、開所時間が原則として概ね11時間と長いことがあげられます。

厚生労働省は、以下のように保育実習Ⅰの目標・内容を定めています。なお施設実習については第８章を参考にしてください。

目標

1. 保育所、児童福祉施設等の役割や機能を具体的に理解する。
2. 観察や子どもとの関わりを通して子どもへの理解を深める。
3. 既習の教科目の内容を踏まえ、子どもの保育及び保護者への支援について総合的に理解する。
4. 保育の計画・観察・記録及び自己評価等について具体的に理解する。
5. 保育士の業務内容や職業倫理について具体的に理解する。

そして保育実習Ⅰの具体的な内容として以下のようなポイントをあげています。

保育所実習の内容

1. 保育所の役割と機能
   (1) 保育所における子どもの生活と保育士の援助や関わり
   (2) 保育所保育指針に基づく保育の展開
2. 子どもの理解
   (1) 子どもの観察とその記録による理解
   (2) 子どもの発達過程の理解
   (3) 子どもへの援助や関わり
3. 保育内容・保育環境
   (1) 保育の計画に基づく保育内容
   (2) 子どもの発達過程に応じた保育内容
   (3) 子どもの生活や遊びと保育環境
   (4) 子どもの健康と安全
4. 保育の計画・観察・記録
   (1) 全体的な計画と指導計画及び評価の理解
   (2) 記録に基づく省察・自己評価
5. 専門職としての保育士の役割と職業倫理
   (1) 保育士の業務内容
   (2) 職員間の役割分担や連携・協働
   (3) 保育士の役割と職業倫理

保育実習Ⅱでは、Ⅰと比較してみると、より深い学びの目標が載せられています。

目標

1. 保育所の役割や機能について、具体的な実践を通して理解を深める。
2. 子どもの観察や関わりの視点を明確にすることを通して、保育の理解を深める。
3. 既習の教科目や保育実習Ⅰの経験を踏まえ、子どもの保育及び子育て支援について総合的に理解する。
4. 保育の計画・実践・観察・記録及び自己評価等について、実際に取り組み、理解を深める。
5. 保育士の業務内容や職業倫理について、具体的な実践に結びつけて理解する。
6. 実習における自己の課題を明確化する。

保育実習Ⅱの具体的実習内容は以下の通りです。

内容

1. 保育所の役割や機能の具体的展開
   (1)養護と教育が一体となって行われる保育
   (2)保育所の社会的役割と責任
2. 観察に基づく保育の理解
   (1)子どもの心身の状態や活動の観察
   (2)保育士等の援助や関わり
   (3)保育所の生活の流れや展開の把握
3. 子どもの保育及び保護者・家庭への支援と地域社会等との連携
   (1)環境を通して行う保育、生活や遊びを通して総合的に行う保育
   (2)入所している子どもの保護者に対する子育て支援及び地域の保護者等に対する子育て支援
   (3)関係機関や地域社会との連携・協働
4. 指導計画の作成・実践・観察・記録・評価
   (1)全体的な計画に基づく指導計画の作成・実践・省察・評価と保育の過程の理解
   (2)作成した指導計画に基づく保育の実践と評価
5. 保育士の業務と職業倫理
   (1)多様な保育の展開と保育士の業務
   (2)多様な保育の展開と保育士の職業倫理
6. 自己の課題の明確化

保育実習Ⅰ（保育所）と保育実習Ⅱの目標や実習内容をみると、保育現場での実習について、ただ行けばよい、その場に居ればよいというものではないと分かるでしょう。第一に園や施設について理解を深めること、第二に子ども理解に努めること、そして第三に保育者について理解を深めること、これらの目的をもって実習を行うことが求められています。実習を行うことで、保育実践力がつくこと、社会人としての基礎的な力がつくこと、実践後の省察をする力がつくこと、これらが実習の意義だといえるでしょう。

上記の実習目標や実習内容を参考にしつつ、巻末ワーク5を使って、保育実習の自己課題を考え、目標をもって実習に臨みましょう。

（2）保育所の機能と役割

保育所は、保護者が働いているなどの何らかの理由によって保育を必要とする乳幼児を預かり、保育をすることを目的とする施設です。また保育所に通う子どもたちの保育をするだけでなく、子どもたちの保護者の育児相談に乗ることもあります。

特に乳児の場合は離乳食を段階ごとに進めていく際、保育所に勤務する栄養士が定期的に保護者面談をするなどして、保育所と保護者とで足なみを揃えています。これはトイレットトレーニングのときも同じで、保育所と保護者とでコミュニケーションをとりながら行っています。

そして、他の機関との連携も必須です。たとえば児童虐待が疑われる場合は児童相談所への通告が必要となります。もちろんその一歩手前という状況を察することもあるでしょう。あるいは保育をする中で、子どもの発達の凹凸に気付くこともあるかもしれません。そういった場合は保護者をカウンセリングにつなげたり、子どもの発達の状況を専門家に見せることを提案したりと、状況に応じた支援をしていく必要があります。

保育士が子どもを取り巻く色々な状況を把握したとき、保育所が全ての事象に対応するということではなく、様々な専門機関に正しく支援をつなげていくという役割も担っているということです。また本章２節（３）でも言及していますが、子どもへの対応と保護者支援以外に地域の子育て家庭支援も役割の一つです。保育所が地域子育て支援でどんな支援をしているか、また地域との連携をどうしているかという点を実習で見てくることも一つのポイントとなるでしょう。

（3）保育の目標と方法

保育の目標は、園によって様々です。もちろん保育所の場合は保育所保育指針、また認定こども園であれば幼保連携型認定こども園教育・保育要領がその保育方針の基本となります。

保育所をはじめとする児童福祉施設における基本的な考え方は第３章を参照してください。「保育」と「養護」の一体となった保育が目指されているという点、子どもが権利の主体であるという点を忘れずに実習を行うといいでしょう。

ただし、そういった基礎、基本を元にしているものの、実際の保育所はそれぞれに独自性があり、園長などの考えの下、日々保育が営まれています。たとえば体を動かすことに重きをおく園や、音楽（鼓笛隊等）に重きをおく園、またお受験園（私立小学校受験）とも呼ばれる知育に重きをおく園もあります。反対に、特に目立った活動を設定せず一日中自由に遊ぶといった方針の園もあります。

第１章の実習園開拓のところでもふれましたが、実習生自身の保育観とある程度似た考え（保育観）の園で実習ができれば、実習の大変さを乗り越えることも難しくないでしょう。もしそこに保育観の違いがあった場合、保育の方法に疑問をもつことも多くなるかもしれません。就職も視野に入れながら実習を行う学生も多いので、職員間の連携等を参考にしつつ就職先として魅力的かどうかも見ておくといいでしょう。

（4）保育の環境

保育は「環境を通して」行うものであると保育所保育指針等に書かれています。その“環境”とは具体的に何を指すでしょうか。皆さんは物的環境と人的環境という言葉を聞いたことがありますか。物的環境は園の遊具やおもちゃなどの具体的事物や園を取り巻く自然環境などを指します。人的環境は、クラス担任やクラスの子どもたち、そして掃除スタッフや給食スタッフなど園を構成する色々な人たちを指します。

もっと具体的にいうと、保育所では園長や主任、多くの保育士たちに加えてパート保育士や栄養士、時には看護師、そして調理員など多くの専門職が同じ場で働いています。そのため、保育現場でどのような多職種連携が行われているのかを見て学んでくるとよいでしょう。またその中で、実習生はどう動いたらいいのかも考えながら動けるといいですね。

そして、保育所のような交代勤務の場合は、早番の際に起こった事故・怪我・発熱などの情報を遅番の人が保護者に伝えるといった場面があります。実習生は、どのように情報を共有して、保護者に遅滞なく伝えているかといった点を見てきましょう。また早番が子どもたちを迎える前にどのような準備をしているのか、子どもたちの降園後にどのような環境整備をしているのか、そういった場面からもしっかりと学びを得てください。日中、子どもたちと過ごすための大切な環境づくり、そういった環境整備の場面を見たり実際に環境整備を行ったりすることも大切なポイントです。

（5）子どもの発達と縦割り保育

非常に簡潔な説明となりますが、年齢ごとのクラス分けがされている園が多いのは、それぞれの子どもの発達に合わせた保育がしやすいからです。しかし近年では、子どもが減っていることもあり、1つのクラスが運営できないほど少ない場合、縦割り保育（例：3～5歳合同保育）が取り入れられていることがあります。

また子どもの減少とは関係なく園の方針として、縦割り保育を行っているところもあります。少子化により兄弟姉妹のいる子どもが減っており、縦割り保育にすることで異年齢児との関わり合いなどから多くを学ぶことができるからです。

現在では少子化の影響で、兄弟姉妹がいない一人っ子も増えています。その影響からか、色々なことに興味をもたず様々なことにチャレンジをしない、意欲に欠ける子どもが増えているようです。それは経験の少なさからくるといわれています。たとえばですが草むらが怖くて入れない、遊んだことのない遊具には近づかない、蟻などの虫を極端に怖がるなどの行動です。

では、なぜそのような子どもが増えているのでしょうか。兄弟姉妹や近所の子どもたちと群れで遊ぶことが減っている今、子どもの周りに大人しかおらず、常に配慮されて育ってきてしまうことで、経験値が低くなってしまうという弊害が起きているからだといえるでしょう。多様な経験をすることが減ると、上記のような一見意欲に欠ける子どもに育ってしまいます。

インプットしなければアウトプットできないのは当然で、そういった子どもの消極的な姿を問題視するのではなく、園で多くの経験をさせつつ、個々への支援を厚くしていく必要があるのです。そのような状況から、年齢ごとのクラス分けをしていたとしても、各クラスに配慮の必要な子が多く、どの園も苦慮していることを念頭に置いておきましょう。

2．保育所の一日の流れと子どもへの関わり

（1）保育所の一日の流れ

基本的な保育時間（ある保育所の一例）は以下の通りです。

時刻	内容
7：30	開園・順次登園
9：00	朝の会・自由保育
10：00	外遊び・散歩
11：00	帰園・給食準備
11：30	給食
12：30	午睡
15：00	起床・おやつ
15：30	室内あそび
16：00	帰りの会・順次降園 ※必要があれば延長保育（※延長保育の開始時間は園によって、また家庭ごとの契約によって異なります）

バス登園がある園の場合は、バスが何便あるかにもよりますが、全てのバスが到着しクラスの全員が揃うまで時間がかかるため、朝の会が後ろにずれることが考えられます。上記のスケジュールはあくまでも一例と考えてください。

また保育所の場合は朝早くから夕方遅くまで開園していますので、職員は交代勤務となります。実習生は、その交代勤務（朝番や遅番など）全ての時間帯の勤務を経験することが多いです。たとえば、実習生自身に子どもがおり保育所に預けてから実習先に行くといった場合、どうしても朝番には入れない（間に合わない）といったケースもあることでしょう。そういった場合は、養成校や実習園に相談しましょう。そのような個別の事情が無い場合は、基本的に朝番や遅番などの交代勤務について、やりたくないなど、自分の意見を通すことはできないので注意してください。

そして保育にはオンとオフがあることも意識しましょう。たとえば散歩に行ったり外遊びをしたりするのはオン（身体を動かす）で、帰園して手を洗いお茶をのみ絵本を読んで過ごすのはオフ（静かに過ごす）です。長時間保育が問題視される中、保育所は家庭と同じように過ごすことが求められており、常に何かに目まぐるしく動かされているような保育内容であれば、子どもは疲れてしまいます。そのため、そういったオンとオフのバランスを意識しながら活動を行っているはずですので、その点を意識して観察してみましょう。

たとえばですが雨続きだった中、突然晴れた日が訪れたため、午前中いっぱい外遊びをしていたとします。そんな日に、体をうんと動かすリズム遊びを中心とした部分実習を行うことになるとしたら、皆さんならどうしますか？

筆者は数多く実習巡回に行く中で、そういった場面を見てきました。そんなとき実習生は、クラス担任に確認と了解を得たうえで、部分実習を短くしたり、水分補給の時間を取ったりと臨機応変に対応していました。計画した通りに部分実習を行わなければという気持ちもあるでしょうが、目の前の子どもの状態を見て、柔軟に変えていけるといいですね。

（2）多様な保育形態・保育方法

第６章でも保育の多様な形態が紹介されていたかと思いますが、ここでは簡単に一斉保育と自由保育の違いについて説明をします。たとえば皆さんがイメージする保育状況として、保育者が前に立ち、製作を教えていて、子どもたちが一斉に同じものをつくっているという状況があったとします。これが一斉保育です。

一方自由保育とは、保育室や園庭で子どもたちが個々に好きな遊びをしている状況を指します。自然発生的に集団遊びとなっている場合も、自由保育の範疇です。ただし自由保育は子どもたちを自由にさせているだけではありません。保育者が集団と個をしっかりと見渡しながら、声かけをしたり援助したり、時には争いを止めたりという支援をしています。このような支援がない場合は、自由保育という名の放任保育となってしまいます。

幼稚園や保育所では、基本的に集団保育になるので、どちらかの形態が取られていることが多いといえます。たとえば、子どもたちが順次登園してくる間は自由保育、全員が揃ったら一斉保育と保育形態を組み合わせている場合も多いです。

自由保育の中でも、際立って子どもの自立・自発性を重んじる園もあります。たとえばですが、運動会に参加するかしないかを子ども自身に決めさせるという園もあります。皆さんの実習園はどのような方針で保育をしているのか、実習をする中でしっかりと学んできてください。

（3）保育所をめぐる諸課題

日本の就学前教育の課題として、長らく保育者に対する子どもの数が多すぎる、つまり丁寧な保育ができないことがあげられてきました。2023年、こども家庭庁ができたことで76年ぶりにその基準が改正され、2024年4月からは４～５歳児配置について30対１であったものが25対１となり、それに対応する加算措置が設けられることになりました[1)]。とはいえ、諸先進国の配置基準と比較すると、まだまだ子ども数が多い印象です。

子どもを取り巻く状況の変化はそれだけではありません。皆さんは無園児という言葉を聞いたことがあるでしょうか。2024年から一部の園で「こども誰でも通園制度」[2]という制度が試行されていますが、これは全国に約５万人（３～５歳のみで）いる[3]といわれている無園児への対策の１つです。無園とは、地域の人々と縁がない「無縁」と園に通っていない「無園」とを掛け合わせてつくられた言葉です。

主たる養育者が孤独な育児に陥る[4]ことで虐待につながるケースがあることから、保護者が働いているか否かに関わらず子どもを保育所に預けられる制度が必要だとされ、こういった制度ができたわけです。

このような制度ができた背景には、日本で長らく支持されてきた「子どもは家庭が責任をもって育てるべきだ」という考え方から、「子どもは社会が責任をもって育てるべきだ」という考え方に転換してきていることと関わりがあるでしょう。保育実習においては、子どもへの支援や保護者への支援に加えて、どういった地域支援をしているかを見てくることも勉強の一つだと思います。

こども家庭庁ができたり、こども基本法ができたりしている今、子ども子育て政策は大転換期を迎えています。子どもに関わりたいと考えている皆さんは、子どもに関するニュースについて注視しておくといいでしょう。保育所実習の後には **巻末ワーク10** 実習の振り返りを行い、新たな自己課題をみつけましょう。

第8章

施設実習

この章の学びポイント

・保育実習Ⅰ（施設）・保育実習Ⅲについての基礎知識を身に付ける

・各実習先施設の概要と特徴、保育者の役割について知る

1．施設実習の基礎知識

（1）保育実習Ⅰ（施設）・保育実習Ⅲにおける実習について

保育士資格を取得するためには、保育実習が必須です。その中には保育実習Ⅰ(施設)が含まれます。施設についてさらに学びを深めたいときは、保育実習Ⅱ(保育実習）と保育実習Ⅲ（施設実習）の選択をする際に、後者を選ぶとよいでしょう。保育実習Ⅰ・Ⅱは同じ保育所で実習するケースが多いですが、施設実習の場合は別の種類の施設を選択することもあるようです。各学校によって方針が違いますので、確認してみましょう。

皆さんが実習に行く施設には、様々な役割と機能をもったものがあります。(詳細は本章３節以降に示しています）そして、それらの施設は、児童福祉法や障害者総合支援法（障害者の日常生活及び社会生活を総合的に支援するための法律）に基づいて設置されています。

皆さんがどの施設で実習するとしても、子どもに接する際には児童福祉法第2条にある**児童の最善の利益**[*1]を念頭に置いた対応をしましょう。児童の最善の利益については**児童の権利に関する条約**（巻末参照）の第３条にも記載されていま

＊1　大人は子どもの状況・背景・ニーズを考慮に入れながら、その子どもにとって一番良いこと（最善の利益）を決めて対応しなければならないという理念を指す。

す。そこには、すべての権利が守られ、子どもの体やこころ、社会的な発達を保障することを目指し、示されています。

したがって施設を利用する児童など（以降、適宜場合によって利用者あるいは入所児・子どもと表す）にとって、何が最善なのかを、実習生は実習をする中で自ら考えて行動することが求められるのです。適切に判断して動くためには、実習生が自分自身の行動指針（価値観）をもって行動することが大切だということです（巻末の保育士会倫理綱領参照）。

（2）施設実習を行う目的・意義

一般的に「保育」と聞くと、その中身は「乳幼児のケア」だとイメージする人が多いでしょう。それだけに保育士資格のために、なぜ施設に実習に行かなくてはならないのだろうかと疑問をもつ人もいるかもしれないですね。しかし実際には保育士の就職先は実に様々で、障害児・者施設などの福祉施設で働いている方も多いのです。

最近では児童発達支援センターなどを就職先として視野に入れ、「施設実習を楽しみにしていた」と積極的に学びたい学生も増えたようです。施設実習に赴くにあたって、いろいろな葛藤や不安もあるかと思いますが、実習を終えた学生たちの声を聞くと「行ってよかった」「学びになった」というものがとても多いので、ぜひ前向きに取り組んでいただきたいと思います。ここで、施設実習を行うにあたり、目指すべき**到達目標**を以下にいくつか列挙します。

- 既習の教科目や保育実習の経験を踏まえ、児童福祉施設等（保育所以外）の役割や機能について実践を通して、理解する。
- 家庭と地域の生活実態にふれて、子ども家庭福祉、社会的養護[＊2]、障害児支援に対する理解をもとに、保護者支援、家庭支援のための知識、技術、判断力を習得する。
- 保育士の業務内容や職業倫理について具体的な実践に結びつけて理解する。
- 実習における自己の課題を理解する。

現在では施設だけでなく、一般の保育施設においても障害のある子どもや支援の必要な子どもが増加しており、そのケアも求められています。そのため各自が目標をもって実習に臨み、多様な子どもたちを見たり、支援の方法を知ったりすることは、今後保育者になるにあたって、ますます重要な経験となるだろうと考えます。

＊2 社会的養護とは、保護者のない児童や、保護者に監護させることが適当でない児童を、公的責任で社会的に養育し、保護するとともに、養育に大きな困難を抱える家庭への支援を行うことを指す。

（3）福祉関連法の改正と、こども基本法制定に伴う児童福祉法改正ポイント

皆さんはWell-being（ウェルビーイング）という言葉を知っていますか。この言葉は、世界保健機構（WHO）が設立された際、「健康」を定義づける言葉として使われたのが始まりですが、現在では人が心身ともに満たされた状態を表す概念として使われています。

児童福祉法など福祉関連法も、子どもたちのウェルビーイングを考慮するべく、刷新されています。“こどもの視点”で、子どもを取り巻くあらゆる環境を視野に入れ、“こどもの権利”を保障し、子どもを誰一人取り残さず、健やかな成長を社会全体で後押しするという理念をベースに、**こども家庭庁**が創設（2023）されました。それとともに、“こどもまんなか”を旗印とした**こども基本法**（巻末参照）が施行され、それらの動きと連動し**改正児童福祉法**が施行（2024）されています。その改正のポイントは以下のとおりです。

・こども家庭センターの設置
・児童発達支援センターの役割・機能の強化
・放課後等デイサービスの対象児童の拡大
・一時保護者・児童相談所への処遇改善や支援の強化
・一時保護開始の判断時に司法審査の導入
・児童の意見聴取等の仕組みの整備
・妊産婦等への支援の質の向上
・社会的養育経験者や障害児施設の入所児童への自立支援強化

これらの改正の根本にあるものは、“こどもまんなか”の理念と通じますが子どもの**権利擁護**[*3]です。たとえばですが、児童養護施設に入所していた児童は、18歳という年齢になったとたんに、成人として社会において独り立ちを求められてきました。しかし心理学分野において青年期は30歳くらいまで拡大しているともいわれており、これまでの方針は非常に厳しいものだったといえます。そのような状況から、退所後に経済的に困窮してしまう人たちも多くいました。そこで彼らの権利擁護のために、自立支援の強化や入所期間の延長が可能となるように改正されたわけです。

また2021年に**障害者差別解消法**[*4]が改正され、障害のある人への**合理的配慮**の提供が2024年４月より義務化されました。簡単に説明すると、合理的配慮とは、障害のある人が社会の中で出会う、困りごと・障壁を取り除くための調整や変更

＊3 権利擁護の語源は「Advocacy（アドヴォカシー）」という英語で、それは主張を蔑ろにされがちな本人の意思を代弁する社会的活動といった意味をもつ。
＊4 障害者差別解消法は2016年に施行されたもので、すべての国民が障害の有無によって分け隔てられることなく、相互に人格と個性を尊重し合いながら共生する社会の実現を目指してつくられた。

をすることです。こちらも同じく障害のある人の権利擁護のために改正されたといっていいでしょう。

障害のある子どもについても、同じように配慮する必要があります。近年**インクルーシブ保育**という言葉が使われるようになりましたが、この言葉を簡単に説明すると、単なる場の統合ではなく、一人一人のニーズに応じた、公平・公正な質が担保された保育がなされるようにという意図を込めたものです。

その実現のために国も動き始めており、「児童福祉施設の設備及び運営に関する基準等の一部を改正する省令」（令和４年厚生労働省令第159号）が出されたことで、保育所等と児童福祉施設との設備の共用や人員の兼務をすすめることができるようになりました。つまり保育所等に児童発達支援事業所が併設されている場合、設備や人員を相互にフレキシブルに使うことが可能となったのです。

2023年にこども家庭庁が発足し、障害児支援が他のこども支援施策と一体的・包括的に構築されはじめたことから、こういった動きが活発化しています[2)]。

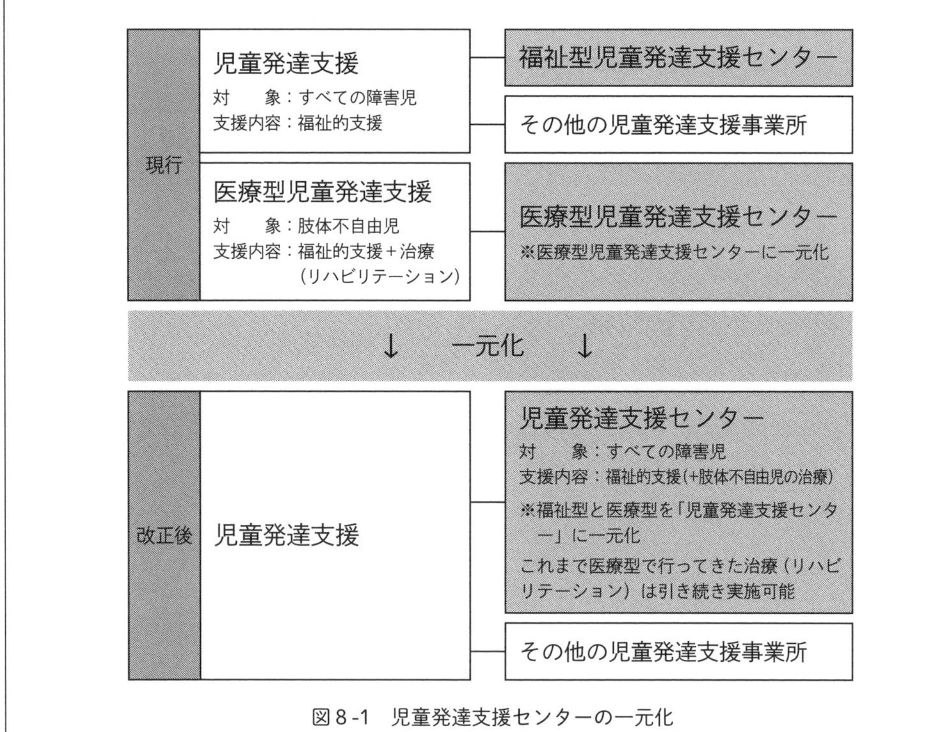

図８-1　児童発達支援センターの一元化

2024年（令和６年）には、改正児童福祉法にあわせ、障害の種類や程度にかかわらず、その地域で発達支援を必要としている子どもや、その家族に向けて、適切な支援が提供できるように、「福祉型」と「医療型」の児童発達支援センターが一元化されることとなりました。

近年相次いで、このように福祉に関わる法改正がなされているのは、**社会的養護**下にある利用者や子どもの権利を擁護するべく、一人一人のウェルビーイングを高めるための意図があると知っておくとよいでしょう。

（4）施設実習に赴く前の心構え

皆さんが行く実習施設の多くは児童福祉施設です。その名のとおり、児童の福祉に資するための施設であり、利用者にとって生活の場であることが多いです。皆さんの家にお客さんが来ることになったとき、そのお客さんが自分の家を荒らしたり、いきなり自分の部屋に入ってきて物を触ったりなど、その家の人を動揺させるようなことがあったら、不愉快ではないでしょうか。

それと同じく利用者からみると、実習生は外部からやってきた人です。実習生は【施設で暮らす子どもたちのこと、そして職員による支援】を学ばせていただく立場であることを忘れずに、無遠慮な態度をとったり、配慮のない言動をしたりすることなく、そこで生活している人たちのリズムを乱すことのないよう行動していく必要があります。特に以下の５点を意識して行動しましょう。

①利用者の生活のリズムを崩さない
②利用者の人権を尊重する
③実習生としての立場を認識して行動する
④秘密を厳守する
⑤ヒヤリ・ハット[*5]などの事故報告は速やかに行う

これらの５つについて簡単に説明します。

①利用者の生活のリズムを崩さない

施設での実習の場合は、交代勤務となることが多いです。24時間施設であれば、夜勤を伴うこともあります（施設によっては実習生に夜勤を依頼しないところもあります）。朝番、昼番、遅番のような形で、日々勤務時間が変わることも考えられます。たとえばですが、実習生が朝番の時間に起きられず、利用者を起床させたり洗面の介助をしたりということができなかった場合、利用者の生活のリズムを崩してしまうことになります。

②利用者の人権を尊重する

障害者支援施設において、実習生が利用者のAさんのことを知りたいと考えたとき、そこにいるAさんにではなく、近くにいる職員に質問したとします。実習

＊5 ヒヤリ・ハットとは、重大な災害や事故には至らないものの、直結してもおかしくない一歩手前の事例の認知をいう。

生には悪気がなかったとしても、それはAさんに聞いてもAさんには分からないだろう（答えられないだろう）といった偏見からくる行動といえます。目の前にいる利用者のことを透明化せず、利用者自身に質問するなど、考えて行動できるようになりましょう。また同性介助が原則であることも覚えておきましょう。

③実習生としての立場を認識して行動する

ある施設に利用者の保護者がきたとき、保護者には施設職員と実習生の違いが分からないため､実習生に質問する場面がありました。あなたならどうしますか？実習生は、あくまでもそこに勉強しにきている立場ですから、勝手に返答せず、職員を呼びましょう。

④秘密を厳守する

守秘義務については第２章を確認してください。実習生が実習中に知り得た秘密や個人情報について外部に漏らしてはならないのはもちろんですが、実習生自身の個人情報も漏らしてはなりません。児童養護施設などでは、そこにいる子どもと年齢の近い実習生に親近感が湧くため利用者からLINEの交換などを依頼される場面も考えられます。実習中にどれだけ親しくなっても、そういった個人間での交流はしないよう気をつけましょう。

⑤ヒヤリ・ハットなどの事故報告は速やかに行う

実習中のちょっとした事故等については、「大したことはなかったし」と勝手な判断で報告しないなどということがないように注意しましょう。たとえばですが、木の床の小さなささくれを気付いていたのに放置し、子どもが転んだとき、それが手足に刺さるというようなことも考えられます。気付いたことは小さなことでも、職員に伝えましょう。

（5）オリエンテーション

オリエンテーションについては前述（第２章参照）していますが、ここでは宿泊実習を中心に考えていきます。

宿泊実習の場合、実習生は実習以外の時間も施設建物内（あるいは施設エリア内）で生活を送ることになります。実習生１人につき１部屋用意してもらえる場合と、２人１組で１部屋という場合が考えられます。

部屋に水場やミニキッチンがついている場合と、そうでない場合があります。また洗濯をどうするかなども含めてオリエンテーションのときに確認し、準備を怠らないようにしましょう。宿泊実習に必要な主な持ち物を以下にあげておきます。

持ち物一覧（宿泊実習用）

①実習生紹介書（個人票）、細菌検査証明書、健康診断書、健康保険証など
②印鑑、出勤簿など
③筆記用具、メモ帳、実習日誌、実習の手引きや実習関連科目教科書など
④エプロン、三角巾、マスク、上履き、外履き、帽子、着替え、名札、腕時計、傘など
⑤歯ブラシ等洗面用具、タオル、石鹸、目覚まし時計、シーツ、枕カバー、下着など
⑥コップ、箸、ティッシュペーパー、ハンカチ、シャンプー・リンス、ドライヤーなど
⑦洗濯用洗剤、洗濯バサミ、ロープ、ハンガー、常備薬、基礎化粧品など
⑧給食費や宿泊費等の実費や、休憩時間中の外出時に使う最低限のお金など
（※スマートフォンなどの携帯電話を含め貴重品の管理に注意）

その他、各々必要なものは変わってくると思いますので、よく考えて準備をしましょう。持参する金品は必要最小限とし管理を厳重にしましょう。また自分が使った部屋や借用した物品については、使用したら清掃したり洗ったりするなど清掃・整理整頓を心がけましょう。普段から炊事・掃除・洗濯を自分で行うという意識で生活していないと、実習先で「洗濯の仕方が分からない」というような状況になることもあります。実習生用の部屋で自活するためだけでなく、施設の利用者の生活の援助をする立場になると心して臨んでほしいです。

2. 社会的養護施設におけるアセスメントとケース理解

社会的養護下にある子どもたちは、児童相談所などによりアセスメントを受け、ニーズに合った施設に措置され、それぞれの施設において直接支援を受けることになります。アセスメントとは、人や物事を客観的に評価・分析することを意味します。

施設においては児童相談所と情報共有をし、その子どもや家庭のケースを理解し、児童相談所との協働で長期および短期の支援方針を決定したり、子どもを迎え入れるための準備をしたりします。入所後には適宜子どもの状況にあわせて支援方針の修正をしていくことになります。

直接処遇[*6]を行っている職員たちの間で、その子どもについて**ケース会議**がもたれることもあります。ケース会議とは、入所している子どもの事例に対し、それぞれの職員がどう対応しているのかという情報を共有したり、支援方針や役割分担を決定したりするための会議です。そのように日々試行錯誤しながら、よりよい支援へとつながるよう職員は努力しているのです。

職員についてですが、施設では保育士や児童指導員のほか、OT[*7]・PT[*8]・看護師・栄養士など色々な職種の人たちが働いています。したがって、入所する子どもについては入所前のアセスメントを参考にしながら、日々の暮らしを送る中で、多職種協働で子どもの状態を見極め、必要な支援をしていくことになります。

その見極めのポイントは以下のような図で表しています（図8-2参照)。

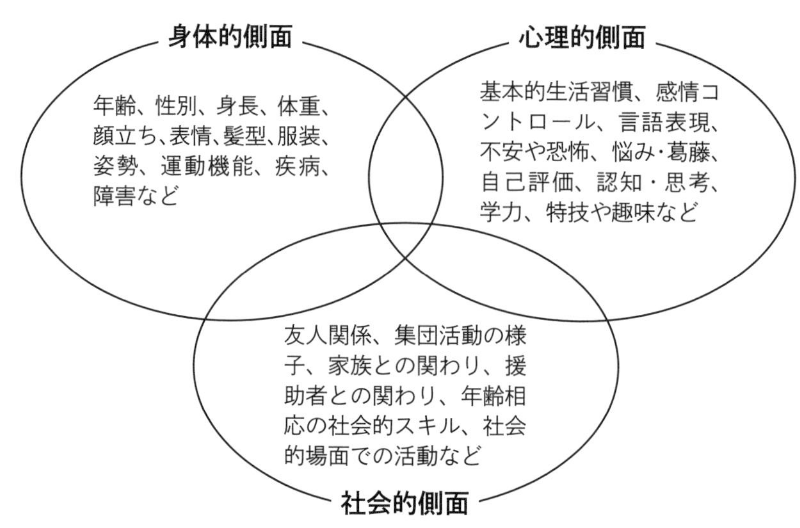

図8-2　子どもの状態像を把握する3つの側面[3)]

＊6　直に子どもの支援に関わること。事務職や管理職という言葉に対して、直接処遇職員と表現することがあります。
＊7　Occupational Therapist、作業療法士
＊8　Physical Therapist、理学療法士

このように様々な側面から、子ども理解をしていくという点を覚えておきましょう。また、勤務体制についてですが、入所施設の場合は、24時間体制の仕事となります。そのため職員は夜勤を含む交代勤務で仕事をすることになり、実習生も場合によっては夜勤を含む各種時間帯の実習を経験することになります。

各種の施設についての根拠法や概要を本章３節に載せています[4)5)6)]。3-(１)～3-（９）まで読んだうえで、自分自身が興味をもった施設（あるいは実習先施設）について、巻末ワーク13 巻末ワーク14 を行い、学習を深化させましょう。グループをつくって各施設の調査を進め、他の学生の前で発表する形式をとってもいいですね。

3. 各種実習施設の概要

(1)乳児院

根拠法 児童福祉法 第37条	乳児(保健上、安定した生活環境の確保その他の理由により特に必要のある場合には、幼児を含む)を入院させて、これを養育し、あわせて退院した者について相談その他の援助を行う。
入所児	入所理由は父母からの虐待や母親の疾病などが多くを占めています。入所児は原則1歳未満の子どもです。2004年には特例として就学前までの入所が認められるようになりました。そういったケースについては、障害がある**きょうだい**※が同じ乳児院にいるなど、何かしらの理由があることが多いです。障害児入所施設の在り方に関する検討会資料(2019)によると、「全国の乳児院の入所児童50.5%は病虚弱児であること、障害児は2.4%と少ないが、これには乳幼児であることから具体的な障害名の診断が行われていない状況が考えられる」ということです。また「障害の診断・認定はなされないものの、障害の疑いのある乳幼児、発達が気になる乳幼児は相当数受け入れている」とのことです。
職員	乳児院には児童福祉施設の設備及び運営に関する基準第21条に基づき、医師(嘱託医)・看護師・保育士・個別対応職員・家庭支援専門相談員・栄養士・調理員を置くことが定められています。また心理療法担当職員を置く場合もあります。養育は主に保育士(または児童指導員)が行っています。
生活	この施設では家庭的養育を目指した施設運営を行っています。入所児は職員と生活をする中で、生理的・心理的に満たされ、社会的欲求を受け止められる経験を積み、特定の人との愛着を形成する必要があります。そのため職員は担当制であることが多く、担当の子どもの食事(授乳)・排泄・入浴(沐浴)・衣服の着脱、そして遊びなどのあらゆる生活場面において、まだ意思表示の難しい年齢の子どもの欲求を汲み取り、応答的に柔軟に対応していくことが求められています。 近年では被虐待児や障害を有する入所児、そして継続入所児が増加していることから、発育発達への丁寧な関わりや保護者へのサポートが必要となっています。

※兄・姉・弟・妹、どの組み合わせも意味するのでひらがな表記としました。

（2）母子生活支援施設

根拠法 児童福祉法 第38条	配偶者のない女子又はこれに準ずる事情にある女子及びその者の監護すべき児童を入所させて、これらの者を保護するとともに、これらの者の自立の促進のためにその生活を支援し、あわせて退所した者について相談その他の援助を行う。
利用者	この施設の特徴は母子が共に入所するところです。入所後、保護者は経済的自立を目指し、順次パートなどで働きはじめます。約半数が1年程度で退所します。保護者の年齢は16歳～60代と幅広く、利用児の年齢も様々で（乳児～原則満18歳）です。乳幼児は施設内保育か保育所での保育ですが、就学後の年齢であれば施設から学校に通うなどの生活になります。 入所理由の内訳をみると配偶者からの暴力（DV）が最も多く、そのため市役所含め関係箇所は、施設の場所等について原則秘匿しています。また施設によっては職員以外に、警備員が常駐しているところもあります。
職員	母子生活支援施設には児童福祉施設の設備及び運営に関する基準第27条に基づき、母子支援員、少年指導員、嘱託医、調理員などを置くことが定められています。その他、場合によって心理療法担当職員や特別な支援を必要とする子どものための個別対応職員を置くこととなっています。 職員は母親の経済的自立や生活スキルの獲得を支援し、子どもの学習支援を行います。一緒に生活を送りつつ、母子間の不適切な関わりがあれば介入し指導を行います。
生活	基本的に保護者は子どもを預けている間に就労します。子どもは、母親の仕事が見つかれば保育所に通うことができるため、それまでは施設内保育となります。また病児も施設内での保育となります。就学の年齢であれば学校に通います。 施設内にある部屋は世帯ごとに割り当てられており、炊事洗濯は原則母親が行います。そのため仕事から戻った母親は夕食を準備し子どもに食べさせたり子どもを入浴させたりします。 職員の支援のもと、保護者が休息（レスパイト）をとって、子どもとの関わりを見直し、職を得て新生活をスタートするための場所なのです。

（3）児童養護施設

根拠法 児童福祉法 第41条	保護者のない児童（乳児を除く。ただし、安定した生活環境の確保その他の理由により特に必要のある場合には､乳児を含む。以下この条において同じ)、虐待されている児童その他環境上養護を要する児童を入所させて、これを養護し、あわせて退所した者に対する相談その他の自立のための援助を行う。
入所児	入所理由をみると、両親もしくは両親のどちらかからのDVやネグレクトが主となっています。入所経路は乳児院からくる場合と一般家庭からくる場合とがあります。かつては保護者のいない子どもの施設として機能していましたが、現在では入所する子どもの９割に保護者がいます。 2024年改正児童福祉法の施行より、原則18歳までの入所（最長22歳）となっていたものが、年齢上限が撤廃されました。退所後に困窮するものも多く、年齢にかかわらず自治体が適切だと判断する時期まで支援が受けられるようになりました。
職員	児童養護施設には児童福祉施設の設備及び運営に関する基準第42条にもとづき、児童指導員、嘱託医、保育士、個別対応職員、家庭支援専門相談員、栄養士および調理員を置くことが定められています。また乳児がいる場合には看護師を置くこととなっています。 現在、小舎制の推進により小規模施設が増えており、その場合は栄養士や調理員がつかないこともあります。看護師については、乳児がいなくとも障害や疾患の関係で服薬管理が必要な子どももおり、看護師を置く施設が増えてきています。また心理療法の必要がある児童がいる場合には心理療法担当職員も置く必要があります。職員は、学校の夏休みなどの長期休暇以外には、子どもたちを学校に送るまで職務にあたり、学校から戻るまでが休憩時間となり、戻ってきてからまた職務にあたるという変則的な勤務となります。
生活	家庭的養護を目指し、大舎制から小舎制やグループホームへの転換が図られているところです。子どもは施設から保育所や学校に通い、帰宅したら施設内で余暇時間を過ごしたり、夕食をとったり入浴をしたりします。また職員が学習の支援を行うこともあります。

（4）障害児入所施設

根拠法 児童福祉法 第42条	①福祉型障害児入所施設：施設に入所している障害児に対して、保護並びに日常生活における基本的な動作及び独立自活に必要な知識技能の習得のための支援を行う。 ②医療型障害児入所施設：施設に入所又は指定医療機関に入院している障害児に対して、保護、日常生活における基本的な動作及び独立自活に必要な知識技能の習得のための支援並びに治療を行う。
入所児	入所理由は様々ですが、福祉型・医療型ともに、虐待（疑い含む）が最も多く、次いで家庭での養育困難となっているほか、保護者の疾病・入院・障害などが理由としてあげられます。措置として入所に至るケースと、契約による利用があります。
職員	障害児入所施設は、児童福祉施設の設備及び運営に関する基準第49条、第58条により、以下の職員配置となっています。 福祉型：児童指導員、保育士、嘱託医、栄養士、調理員、児童発達支援管理責任者などがいます。 医療型：医療法に規定する病院として必要な職員のほか、児童指導員、保育士、児童発達支援管理責任者、場合によっては理学療法士や作業療法士、心理指導担当職員がいます。 入所施設は、24時間体制でシフトが組まれるため、職員は夜勤を含む交代勤務で職務にあたります。
職員	障害のある子どもといっても個々に障害種別による症状や対処が違うため、一人一人**個別指導計画**（IEP：Individualized Education Program）が立てられます。職員はそれに従って対応していきます。 また入所児が18歳以上になると成人施設や地域グループホームでの対応になるので、それを踏まえ自立を目指した支援を行います。就学している年齢の子どもたちであれば、通学先学校の担任などとの連携をとりつつ職務にあたります。
生活	福祉型の場合は、子どもたちが日常生活を送る上で必要な食事・入浴・排泄などのケアを行っています。また就学している年齢の子どもであれば、施設から地域の学校や特別支援学校へ通います。 医療型の場合は、治療や処置・看護を行い、手術を行うケースもあります。また作業療法士などによる機能回復訓練が日中に行われることがあります。就学している年齢の子どもであれば、ベッドサイドまで先生が来てくれる訪問型学習支援などが受けられる場合があります。

（5）児童発達支援センター

根拠法 児童福祉法 第43条	地域の障害児の健全な発達において中核的な役割を担う機関として、障害児を日々保護者の下から通わせて、高度の専門的な知識及び技術を必要とする児童発達支援を提供し、あわせて障害児の家族、指定障害児通所支援事業者その他の関係者に対し、相談、専門的な助言その他の必要な援助を行うことを目的とする施設とする。
利用者	地域の障害のある子どもが通所してきますが、このセンターを利用する場合、療育手帳は必須でないものの、障害児通所受給者証（通称：通所支援受給者証）が必要となります。 保護者はそれを各自治体に申請し、自治体からのアセスメントを受け、その結果受給者証が交付されれば通わせることができます。放課後等デイサービスも同様の流れです。受給者証がある場合、世帯収入にもよりますがほとんどの方は自己負担１割で通わせることができます。
職員	児童発達支援センターには児童福祉施設の設備及び運営に関する基準第63条に基づき、児童指導員や保育士・児童発達支援管理責任者と嘱託医、栄養士、調理員そして必要がある場合には機能訓練担当職員や言語機能訓練担当職員、医療的ケアを行う場合には看護職員を置くことが定められています（一部、免除規定有り）。 多様な障害のある子どもたちが地域で柔軟な支援を受けられる体制をつくるため、2024年４月より①福祉型・②医療型に分かれていたサービス体系が一元化[*9]されました。 また児童発達支援センターが放課後等デイサービスを兼ねている場合もあります。その場合、午前中が未就学児、午後は就学後の子どもたちへのサービスを行います。
生活	福祉型と医療型が一元化されたことで、障害の種類や程度に幅が出ることになるため、集団指導以外に一人一人の発達に即した個別支援計画（IEP）が立てられ、支援されます。

＊9　本章１節（３）p.94でも、児童発達支援センターの一元化についてふれています。

（6）児童心理治療施設

根拠法 児童福祉法 第43条の2	家庭環境、学校における交友関係その他の環境上の理由により社会生活への適応が困難となった児童を、短期間、入所させ、又は保護者の下から通わせて、社会生活に適応するために必要な心理に関する治療及び生活指導を主として行い、あわせて退所した者について相談その他の援助を行う。
入所児	入所理由は保護者による虐待や育児放棄などもありますが、子ども本人の問題による監護困難が約4割を占めています。 心理問題を抱え、社会生活への適応が困難な原則18歳未満の子どもたちを対象として短期間の入所を行うか、保護者の元から通所し医療的な視点から生活支援や心理治療を行います。 半数以上が家庭から、そして約15%の子どもが児童養護施設からの入所です。ADHDや愛着障害、自閉スペクトラム症等の診断がついている等、心身に何らかの課題を抱えている子どもたちが80%以上になります。
職員	児童心理治療施設には児童福祉施設の設備及び運営に関する基準第73条に基づき、医師・心理療法担当職員・児童指導員・保育士・看護師・個別対応職員・家庭支援専門相談員・栄養士及び調理員を置くことが定められています。日常生活においてカウンセリングを用いた心理療法を行っており、子どもの状態に応じて症状の緩和のために、医師による服薬治療も行っています。 また直接処遇職員は心理的要因から困難を抱え生きづらさを感じている入所児に対し、安心できる環境を提供し、特別な配慮をしつつ社会経験を積めるよう支援していきます。
生活	入所している子どもたちは、学校をはじめとする社会集団の中で他者との関係をうまく築けず、適応できなかった経験等から傷ついたり自信を失ったりしています。職員や他児と寝起きしたり食事をしたり、遊びや作業を共に行う中で、自立に向けて多くのことを経験し、自信を取り戻すための支援を行います。 入所している子どもへの学習支援は、地域の学校に通うもの、施設内の分校や分級で学ぶものなど様々で、通常の学校の学級単位よりも少人数による教育が行われることが多く、子どもたちの個別の力に応じた支援が行われています。

（7）児童自立支援施設

根拠法 児童福祉法 第44条	不良行為をなし、又はなすおそれのある児童及び家庭環境その他の環境上の理由により生活指導等を要する児童を入所させ、又は保護者の下から通わせて、個々の児童の状況に応じて必要な指導を行い、その自立を支援し、あわせて退所した者について相談その他の援助を行う。
入所児	この施設は、原則18歳までの不良行為をなしたか、又はなすおそれのある子どもが対象です。家庭裁判所審判の結果、送致されることもあります。また入所児の中には知的障害や発達障害のある子どもが３～４割いるとされています。 子どもの非行行為に注目が集まりがちですが、近年ではなぜ非行に走ったのかという背景情報を理解することが重要だとされています。親からの不適切養育により愛着形成が阻害され、他者との基本的信頼関係が築かれてこなかったことが原因だという指摘もあります。そのため、職員に対しても挑発的な行動に出るなど問題行動をもつものも少なくありません。
職員	児童自立支援施設には児童福祉施設の設備及び運営に関する基準第80条にもとづき、児童自立支援専門員、児童生活支援員、嘱託医等、個別対応職員、家庭支援専門相談員、栄養士並びに調理員を置くことが定められています。また場合によって心理療法担当職員を置くことになっています。児童生活支援員の資格要件に、保育士も入っています。 職員は入所している子どもとの基本的生活習慣の確立、自主性の尊重、豊かな人間性・社会性の育成、自活のための知識・技能の付与を行い、親子関係の再構築を支援します。
生活	入所前までの生活が荒れていることが多く、施設においては、各々が基本的生活習慣を身に付けられるよう、規則正しい生活姿勢が求められます。施設内では朝起きたら身支度、朝食の後、施設内に設置された学校（分校・分教室）に通います。義務教育以降は施設の外の学校に通うことになります。 入所している児童は、基本的に施設の外に出ることに制限がありますが、夏休み等の長期休暇には親元に一時帰宅することがあります。

（8）児童厚生施設

根拠法 児童福祉法 第40条	児童厚生施設は、児童遊園、児童館等児童に健全な遊びを与えて、その健康を増進し、又は情操をゆたかにすることを目的とする施設とする。
施設利用者 について	この施設は、18歳未満の子どもを対象とした施設です。 地域の子どもであれば誰もが自由に出入りできる場です。 未就学児については、保護者同伴での来館が求められています。
職員	児童厚生施設には、児童福祉施設の設備及び運営に関する基準第38条に基づき、保育士・社会福祉士あるいは教員免許保持者など、児童の遊びを指導する者を置くことが定められています。 児童厚生員は、児童遊園や児童館等において子どもたちに遊びを通してその成長を支え、クラブ・行事を通して年上・年下の友達との関わり方を教え、助け合う心や協力する力を育てます。また地域の子育て家庭への支援を行うほか、学童保育や子ども会、保護者クラブ等とも協力し、地域活動センターとしての役割も担っています。
生活	児童遊園・児童館は、主に近隣の子どもが遊びに来る場となっています。そのためいつも同じメンバーが来るというわけではなく、日ごとに色々な子どもたちが集まります。ただし学童保育（放課後児童クラブ）が併設されている場合には学童のメンバーも同じ施設を使います。 また未就学児は保護者とともに来館し、保護者は児童厚生員と話したり、他の親子と交流したりしながら子どもを遊ばせます。

（9）障害者支援施設

根拠法 障害者総合 支援法(略称) 第５条11項	「障害者支援施設」とは、障害者につき、施設入所支援を行うとともに、施設入所支援以外の施設障害福祉サービスを行う施設（のぞみの園及び第一項の主務省令で定める施設を除く）をいう。
利用者について	障害者支援施設は、介護や援助が必要で、なおかつ自宅で生活することが難しい障害者を対象とした入所施設です。 知的障害者や発達障害者、身体障害者など様々な方が対象となります。施設によっては入所している人の９割が知的障害者となる場合もあります。この施設における対象年齢は18歳～64歳です。
職員	障害者施設の職員としては、生活指導員、保育士、看護師、栄養士、調理員、嘱託医、理学療法士、作業療法士、就労支援員またサービス管理責任者などがあげられます。各施設の規模やサービス内容によって職員構成は変わってきます。 入所支援の場合は24時間体制の勤務になるので、３交代あるいは４交代の夜勤を含む交代勤務になります。担当制を敷いている場合は、職員は自分が担当する利用者について、特に注意して関わり、信頼関係を築いていきます。
生活	障害者の居住の場や食事などの日常生活上の介助を行う施設ですが、法の建て付けとして、日中のケアや日中活動支援は「生活介護」として提供され、それ以外（夜間等）の支援全般は「施設入所支援」として提供されています。 夜間：居住の場の提供のほか、入浴・排泄・食事や着替えの介助、その他必要な援助を受けることができます。 日中：生活介護・自立訓練（生活訓練）・自立訓練（生活訓練）・就労移行訓練・就労継続支援B型があります。場合によっては、これらのサービスを複数組み合わせた提供を受けることもできます。利用者は、昼間は同施設内、あるいは関連施設に出向いて生活介護や自立訓練を行って過ごすことになります。

・上記施設とは別に、独立行政法人国立重度知的障害者総合施設のぞみの園があります。ここでは、調査研究も担っています。

・その他の施設として児童相談所（根拠法児童福祉法第12条）、一時保護施設（第12条の４）などがありますが本書では割愛します。

4. ケースから学ぶ施設実習

本章3節では、様々な機能をもつ施設を紹介しました。入所施設の日常生活の様子を読むと、家庭で行われるような普通の生活が施設で営まれており、職員によってその生活が支えられていることが分かると思います。それぞれの施設がどのような目的をもって設立されたかということを含めて理解しておきましょう。

また施設の種類によっては、保育士の卵である実習生に、部分実習を行ってほしいと依頼される場合があります。目の前の施設利用者の実態を見て、ねらいを立て、どんな内容がふさわしいか考える、この流れはどの実習においても同じです。第5章（p.68）に、施設実習用の指導案（見本）がありますので参考にしてみてください。

ここからは、さらに具体的に考えてみましょう。たとえば、児童養護施設では、学校から帰ってきた子どもたちに、「庭でバスケやろうよ」と声をかけられるなどレクリエーションに誘われることがあります。そんなとき、あなたならどうしますか。実習生自身がやりたいかどうかではなく、子どもが実習生に何を求めているのかを考えて行動することが大切です。短絡的に面倒臭いから、身体がしんどいから、その声に応えなかったという態度であれば、実習指導者から「何を学びにきたのかな」とその意欲を疑われてしまいます。

以下に児童の最善の利益を念頭に「こんなとき、自分ならどうするか」を考えられるよう、施設実習において起こりうる4つのケースを紹介します。グループに分かれて、**ケーススタディ**（事例検討）をしてみてください。

ケース1

児童養護施設において、小4女児がお小遣いで購入したお菓子を実習生に分けてくれようとした。

皆さんは、お菓子を受け取っていいと思いますか。このケースについてですが、正しい答えはありません。この子どもにとって、このお菓子にどういう価値があるのか、受け取ってかまわないのかを担当職員に聞くのが一番よいかと思います。もしかしたら施設で暮らす子どもたちが、自由に外出して好きなお菓子を買える機会は月1回かもしれません。そういった「施設で暮らす」ことの現実を知ることで、たった1つのお菓子であっても、その価値は計り知れないものだと知れば、簡単に受け取ることができなくなるでしょう。

ケース2

障害児入所施設で子どもたちと散歩をした際に、子どもが沿道にあった鉢植えの花をむしってしまったのを目撃した。

このケースでは、皆さんならどうしますか。子どもが花をむしった瞬間を目撃したのは、散歩の列の最後尾にいた実習生だけだと仮定します。沿道の花は近所の方が大切に育てていたものかもしれません。施設に戻って落ち着いてからでいいので、職員にこの出来事を伝えましょう。職員がその家に謝りにいくかどうかを考えることでしょう。もしかしたら、その子どもも連れていき、一緒に謝るよう指導するかもしれません。こういった出来事を放置することで、施設の周りにある一般家庭から、施設のイメージ低下のきっかけとなるかもしれないのです。

ケース3

児童養護施設において、子どもから実習生の年齢や誕生日について聞かれた。誕生日がいつなのか、どんなお祝いをするのかが知りたい様子だ。

実習生の誕生日がいつか、親や友人がくれるプレゼントはどんなものか、素直に聞かれるままに答えていいものでしょうか。たとえば保育所などでの誕生会は月一回であり、子ども一人一人の当日に誕生日会を開いたりはしません。それと同様に施設においても、一人一人丁寧な対応はできないでしょう。また施設での誕生日プレゼントの有無やどんなものが貰えるかも、実習生には分からないでしょう。そんな中、実習生の私生活の詳細を伝えることにより、一般家庭との違いをまざまざと感じ取らせることになる可能性もあります。一つ一つの受け答えに慎重になる必要があるのです。

ケース4

障害者支援施設の利用者で軽度の障害のある人に、個人的に連絡先を交換しようと言われた。

本章1節（4）にも書いたように、実習生の個人的な連絡先は、どの施設の利用者であっても交換してはいけません。実習生紹介書などの書類についても実習が終わると同時に破棄を依頼しています。実習先施設の職員や利用者に自分の連絡先などを残さないように気を付けましょう。

これらのケーススタディを通し、社会的養護下にある子どもたちのことを、具体的に想像することができたでしょうか。施設においては一人一人個別のケースとして、個別指導計画（または、個別支援計画）が立てられている場合もあります。また施設の子どもの中には被虐待児であった過去をもつ子どももいます。詳しく知りたい場合は、一人一人のケースや個別指導計画の内容について、施設の実習指導者に聞いてみてもいいでしょう（ケースによっては開示できない場合もあります）。

“保育”というのは大きなくくりでいうと「福祉」の一環でもあります。福祉の最前線にいるのが保育者であることを忘れずに、施設実習に臨んでほしいと思います。施設実習でよく使う言葉を 巻末ワーク15 に載せていますので、知らない言葉があれば調べて、準備万端にしましょう。

そして、施設実習を終えた後の流れですが、自分で立てた実習課題を思い起こしながら省察をしていきます。この流れは他の実習と同じですから、第２章を参考にしてください。

また 巻末ワーク16 （ねらいを立てる）を行ったうえで、実習後には 巻末ワーク17 で自己評価を行いましょう。

第9章 新しい保育の考え方

この章の学びポイント

・保育におけるICTの活用を学ぶ

・保育のグローバルスタンダードを知る

1．保育とICT

ここでは、保育においてどのようにICTが活用されているか考えてみましょう。近年保育業界においてもICTを利用してサービスを向上させようという動きがあります。ICTとはInformation and Communication Technology（情報通信技術）の略称です。パソコンやタブレットなどを使い、コミュニケーションをしたり、仕事の効率をあげたりするなどの利点があります。保育現場の多忙解消のため、政府がICTの導入を推奨していることもあり、その動きは高まっています。

たとえばICカードとカードリーダーを使った園児の登園・降園時間の管理や出欠確認、アプリなどを使った保護者からの連絡（延長保育依頼・お迎えの人の変更・投薬の指示など）、また園からの連絡（行事出欠席報告依頼・行事写真販売など）が一般的です。さらには保育日誌や連絡帳・お便りなどの作成、そして運営業務（職員の勤怠管理）にもICTを使っている場合があります。

近年では保育所の午睡のための、午睡センサー（子どもの衣服にセンサーを挟む）も開発され、うつぶせ寝チェック（姿勢が変わったら職員に知らせる）もできるようになりました。機械を活用することで午睡見守り職員を減らし、その時間を事務時間や休憩時間にあてるなどができるわけです[1)]。

こうした動きの中で、注目すべきは、**ドキュメンテーション**（第４章参照）という写真や映像を使った保育記録の残し方です。１枚の印象的な写真から、誰が何をしているのか、どんな学びをしているのか、保育者が解説していくというものです。最近では、子どもに撮りたい場面を選んでもらったり撮ってもらったりなど、子ども主体で子ども自身が表現者となる機会としている園もあるようです。

実習では、実習生にもドキュメンテーション方式で日誌を書くようにと園から指導される場合もあります。その場合は、**守秘義務**の観点から実習生自身のスマートフォンなどは使わず、園からカメラやタブレットをお借りし、保育中の写真を撮り、日誌を書くときに活かすという形になります。現時点ではデータのみで日誌を完成させるという段階になく、写真を印刷し日誌に貼るような形となることが多いようです。皆さんの実習先では、どのようなICTの取り入れ方をしているでしょうか。実習中にその点を確認し実習後に情報交換してみましょう。

2．グローバルスタンダードとしての地球市民教育

皆さんは、**地球市民教育**（GCED: Global Citizenship Education）について聞いたことがありますか？地球市民教育は、国連の教育科学文化機関（ユネスコ）が提唱する教育プログラムの１つです。学習者がグローバルな諸課題に向き合い、地域レベル及び国際レベルでよりよい解決の方策を考え、積極的な役割を担うことを通じて、より公正、平和、寛容、包括的、安全で持続可能な世界を実現することを目標としたものです。

この内容については、国際社会において2030年までに達成すべき目標として掲げられた**持続可能な開発目標**（SDGs：Sustainable Development Goals）17のうち、ゴール４「質の高い教育」にも、SDGsに関する教育（ESD：Education for Sustainable Development)）と共に地球市民教育がキーワードとして記されています。

このように現代では子ども自身が地球市民であることを意識できるようにすること、地球のために何ができるのかを考えられる人物になるよう教育していくこと、これらの

目標を掲げて教育していくことがグローバル・スタンダードとなっています。

上記の子どもが自分で考えて自分で動く、そういった子ども主体の教育については、**児童の権利に関する条約**（巻末資料参照p.117）にある考え方が根底にあります。簡単に説明すると、この条約は４つの柱（１.生きる権利、２.育つ権利、３.守られる権利、４.**参加する権利**）で成り立っているのですが、この４つめの「参加する権利」が関係してきます。

たとえば、この条約の第12条**子どもの意見表明権**も参加する権利うちの１つです。参加する権利とは、子どもたちに関する事項については、その主体である子どもたち自身に意見表明する権利があり、またそれを検討してもらう権利があるということです[3)]。

しかし実際には、子どもたち自身が社会に参加していく機会はとても限られています。そこで、子ども自身が主体となって地球市民として社会を形成していくことについて、保育者は具体的に何をしていけばいいのかを考えてみましょう。以下の２つの事例を参考にしてみてください。

事例

ある園では、自分たちのクラスの名前を自分たちで決めるという取り組みをしています。たとえば「花の名前」や「動物の名前」と大きな枠だけを決めておいて、子どもたちから意見を聞くのです。「チューリップ」「バラ」「タンポポ」などいろいろな意見が出ることでしょう。そういったときの保育者の役割は、ファシリテーターとなることです。つまり大人の意見をさし挟まず、子どもたちの議論の行方をみて、よい落とし所を見つけていくことです。

事例

ある園の子どもたちは、園の近くにある駐車場について、行動を起こしました。障害のある保護者から障害者用駐車スペースに、健常者が停めているというのを聞いたからです。保育者は子どもたちに車椅子マークの意味や、障害者用駐車スペースが入り口の近くに配置される理由を教えました。そしてみんなで何かできることはないかと議論したところ、子どもたちからドライバーに違反券を書いて渡すのはどうかというアイデアが出ました。子どもたちで券をつくり、違反駐車の車のワイパーに券を挟んだり、ドライバーに手渡したりして、違反者を減らしたといいます。

これらの事例のように、子どもたちが自ら社会に対して行動し社会が変わったという経験を、幼児期から積んでいくことができれば、その後も自信をもった社会の形成者として成長していくのだと思います。以下の図は、グローバルマインド＊1をもつための人の成長の道筋を示したものです（図9-1参照）。

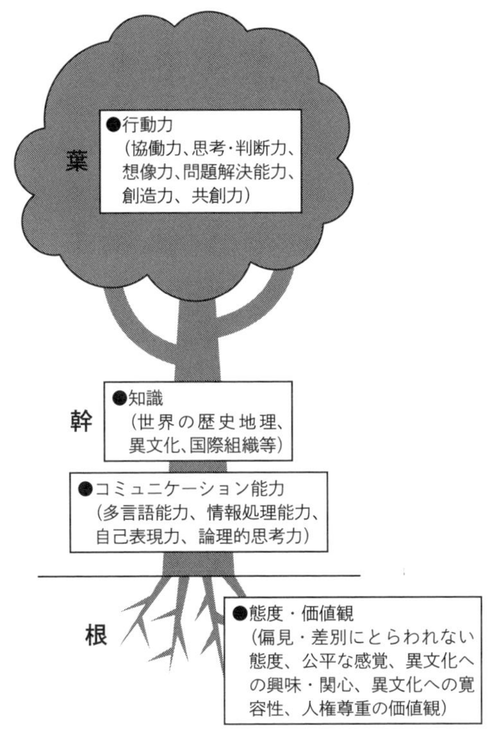

図9-1　国際力の成長[4)]

就学前教育の中でできることは、この図でいうと「根」の部分を育てていくことです。事例にあるような地球市民教育（保育）を実現するのは簡単ではありませんが、保育者は日頃のニュースなどにアンテナを張り、朝の会などで子どもたちが興味を向けそうな話題を提供することで、いろいろな気付きを与えることができるでしょう。現代の保育者には、子どもの育つ道筋を見通し、他者のことを考えられる大人になるよう導いていくことが、これまで以上に求められているのです。

＊1　グローバルマインドとは、国際的な視野をもち異なる文化や価値観を尊重し、柔軟な思考で他者と協力関係を築こうとする考え方や能力を指す。

「こども基本法」・重要ポイント

【こども基本法の施行】

こども基本法は、こども施策を社会全体で総合的かつ強力に推進していくための包括的な基本法として、2022年6月に成立し、2023年4月に施行されました。

【こども基本法の目的】

こども基本法は、日本国憲法および児童の権利に関する条約の精神にのっとり、全てのこどもが、将来にわたって幸福な生活を送ることができる社会の実現を目指し、こども政策を総合的に推進することを目的としています。

【こども基本法の基本理念】

こども基本法：第３条（基本理念）

条文を一部抜粋

１：すべてのこどもは大切にされ、基本的な人権が守られ、差別されないこと。
２：すべてのこどもは、大事に育てられ、生活が守られ、愛され、保護される権利が守られ、平等に教育を受けられること。
３：年齢や発達の程度により、自分に直接関係することに意見を言う機会をもち、社会の様々な活動に参加できること。
４：すべてのこどもは年齢や発達の程度に応じて、意見が尊重され、こどもの今とこれからにとって最もよいことが優先して考えられること。
５：子育ては家庭を基本としながら、そのサポートが十分に行われ、家庭で育つことが難しいこどもも、家庭と同様の環境が確保されること。
６：家庭や子育てに夢を持ち、喜びを感じられる社会をつくること。

１～４については「児童の権利に関する条約」のいわゆる４原則（差別の禁止、生命・生存及び発達に対する権利、児童の意見の尊重、児童の最善の利益）を踏まえ、規定されています。それに加え、こどもの養育を担う大人や社会環境に係る規定として、５ではこどもの養育について、６では子育てについて、それぞれ、定められています。

近年の子ども子育て施策は、このこども基本法をベースに考えられているため、もっと詳しく知りたい方は、「こども基本法」で検索し自分で調べてみましょう。

「こども基本法とは？」こども基本法パンフレット　内閣官房
https://www.cas.go.jp/jp/seisaku/kodomo_seisaku_suishin/230323/kihon.pdf

児童の権利に関する条約・重要ポイント

（通称：子どもの権利条約）

■この条約の特徴（権利の主体は「子ども」）

子どもの権利条約は、これまで子どもは「おとなから守られる存在」とされていたものを、子どもも「ひとりの人間として人権（権利）をもっている」のだという考え方に大きく転換させるきっかけとなった条約です。子どももおとなと同様にひとりの人間としてもつ様々な権利を認めること、具体的には子ども自身が自分に関わることを決める権利、意見をいう権利が謳われています。

■子どもの権利条約の４つの原則

１：差別の禁止（差別のないこと）
すべての子どもは、子ども自身や親の人種や国籍、性、意見、障がい、経済状況などどんな理由でも差別されず、条約の定めるすべての権利が保障されます。

２：子どもの最善の利益（子どもにとって最もよいこと）
子どもに関することが決められ、行われる時は、「その子どもにとって最もよいことは何か」を第一に考えます。

３：生命、生存及び発達に対する権利（命を守られ成長できること）
すべての子どもの命が守られ、もって生まれた能力を十分に伸ばして成長できるよう、医療、教育、生活への支援などを受けることが保障されます。

４：子どもの意見の尊重（子どもが意味のある参加ができること）
子どもは自分に関係のある事柄について自由に意見を表すことができ、おとなはその意見を子どもの発達に応じて十分に考慮します。

子どもの権利条約（第１部）には41条まで掲げられています。国連で、この条約が採択された時期や日本が批准した時期など、もっと詳しい内容を知りたい方は「子どもの権利条約」で検索し自分で調べてみましょう。

日本ユニセフ協会 子どもの権利条約　https://www.unicef.or.jp/crc/

全国保育士会倫理綱領

すべての子どもは、豊かな愛情のなかで心身ともに健やかに育てられ、自ら伸びていく無限の可能性を持っています。

私たちは、子どもが現在(いま)を幸せに生活し、未来(あす)を生きる力を育てる保育の仕事に誇りと責任をもって、自らの人間性と専門性の向上に努め、一人ひとりの子どもを心から尊重し、次のことを行います。

私たちは、子どもの育ちを支えます。

私たちは、保護者の子育てを支えます。

私たちは、子どもと子育てにやさしい社会をつくります。

(子どもの最善の利益の尊重)

1．私たちは、一人ひとりの子どもの最善の利益を第一に考え、保育を通してその福祉を積極的に増進するよう努めます。

(子どもの発達保障)

2．私たちは、養護と教育が一体となった保育を通して、一人ひとりの子どもが心身ともに健康、安全で情緒の安定した生活ができる環境を用意し、生きる喜びと力を育むことを基本として、その健やかな育ちを支えます。

(保護者との協力)

3．私たちは、子どもと保護者のおかれた状況や意向を受けとめ、保護者とより良い協力関係を築きながら、子どもの育ちや子育てを支えます。

(プライバシーの保護)

4．私たちは、一人ひとりのプライバシーを保護するため、保育を通して知り得た個人の情報や秘密を守ります。

(チームワークと自己評価)

5．私たちは、職場におけるチームワークや、関係する他の専門機関との連携を大切にします。
また、自らの行う保育について、常に子どもの視点に立って自己評価を行い、保育の質の向上を図ります。

(利用者の代弁)

6．私たちは、日々の保育や子育て支援の活動を通して子どものニーズを受けとめ、子どもの立場に立ってそれを代弁します。
また、子育てをしているすべての保護者のニーズを受けとめ、それを代弁していくことも重要な役割と考え、行動します。

(地域の子育て支援)

7．私たちは、地域の人々や関係機関とともに子育てを支援し、そのネットワークにより、地域で子どもを育てる環境づくりに努めます。

(専門職としての責務)

8．私たちは、研修や自己研鑽を通して、常に自らの人間性と専門性の向上に努め、専門職としての責務を果たします。

社会福祉法人 全国社会福祉協議会
全国保育協議会
全国保育士会

おわりに

本書を執筆するきっかけは、共に編者となった山本陽子氏の「通信の学生にも分かりやすい実習テキストをつくりたい」という言葉でした。それならばと「通学課程の学生にもわかりやすいテキストにしませんか」と問い直したのが私です。これが本テキストについて思い巡らすとまずもって出てくる心象風景です。日頃から学生に対しては、ただならぬ熱い思いを抱いている方であるとよく存じ上げてはいたものの、そのときの山本氏の気迫のようなものに、私自身やや押されながら共に製作することを了承したことを思い出します。

いざ実習に関するテキストを執筆してみると、それこそ葛藤の連続でした。自身の経験値として蓄えられてきた知識・技術（私の場合は幼稚園でのそれを）をどう記載すれば学生たちへ伝わりやすい、ましてや自宅学習を基本とした通信の学生にもしっかりとその意図が届くのか、不安しかありませんでした。これまでいくつもテキストの類（当然実習に関するものも含みます）は執筆してきましたし、授業でも毎年、学生たちに実習について伝えている教員なのに、です。

しかしながら、その葛藤があったからこそ本テキストの仕上がりにはこの上なく満足しています。特にこれまで共に執筆してきた仲間と今回初めてご縁ができた新しい仲間たちの文章を読むことができたのは、私にとってはとても有意義な勉強体験となりました。

この本を手に取ったあなたにとっても、この本が実習に対しての理解を深める一助となれば幸いです。ここで学んだ知識（実習前）を実習園（実習中）にて実践してみてください。欲を言えば、ゆくゆくは保育現場で働く（実習後）あなたにとっても役に立つテキストになっていれば、著者としてこんなに嬉しいことはありません。

最後に著者全員を勝手ながら代表させてもらい、ここに言葉を残しておきます。
「実習は楽しいです！子どもたちとたくさん遊び、先生たちからたくさんアドバイスを頂き、またとない実習という機会を有意義に過ごしてください。」

応援しています。実習、精一杯取り組んでください。

2024年11月　編著者　野津直樹・山本陽子

引用・参考文献

第１章

1）『デジタル大辞泉』小学館，https://daijisen.jp/digital/（2024/07/01）
2）野津直樹・宮川萬寿美（編著）『保育・教職実践演習』萌文書林，2023，p.45
3）文部科学省「教員免許制度の概要」2022，https://mext.go.jp/a_menu/shotou/kyoin/20220913-mxt_kouhou02-1.pdf（2024/07/01）
4）厚生労働省「ハローミライの保育士」https://www.mhlw.go.jp/hoiku-hellomirai/shikaku/（2024/07/01）
5）茨城大学「教育実習の心構えと注意事項」https://center.edu.ibaraki.ac.jp/doc/00_01/selflearning_I/selflearning_I01.pdf（2024/07/02）
6）吉田眞理（編著）『教育実習　保育実習』青踏社，2018，pp.26-27

第２章

1）吉田眞理（編著）『教育実習　保育実習』青踏社，2018，p.24
2）宮川萬寿美（監）『部分実習指導案集』萌文書林，2024，p. 9
3）文部科学省「教職課程コアカリキュラム（平成29年11月教職課程コアカリキュラムの在り方に関する検討会）」（抜粋）2018，https://www.mext.go.jp/b_menu/hakusho/nc/__icsFiles/afieldfile/2018/12/26/1412133_1_2.pdf（2024/07/02）

第３章

1）厚生労働省『保育所保育指針解説』フレーベル館，2018
2）柏女霊峰（監）『全国保育士会倫理綱領ガイドブック』全国社会福祉協議会，2018
3）社会福祉法人 全国社会福祉協議会 全国児童養護施設協議会「全国児童養護施設協議会 倫理綱領」2010，https://www.zenyokyo.gr.jp/wp/wp-content/uploads/2023/07/230726%E5%80%AB%E7%90%86%E7%B6%B1%E9%A0%98.pdf（2024/11/01）
4）文部科学省『「生きる力」を育む学校での安全教育』2019，p.12
5）文部科学省『子供たちの命を守るために学校の危機管理マニュアルの作成の手引き』2018
6）学校教育基本法第3章幼稚園第22条 e-GOV法令検索https://laws.e-gov.go.jp/law/322AC0000000026#Mp-Ch_3（2024/11/01）
7）文部科学省「幼稚園教育要領」2017
8）無藤隆（編著）『幼児期の終わりまでに育ってほしい10の姿』東洋館出版社，2018
9）第22回社会保障審議会児童部会社会的養育専門委員会「社会保障審議会児童部会社会的養育専門委員会第22回議事次第　参考資料３『児童福祉法等の一部を改正する法律の公布について（通知)』」2016
10）こども家庭庁「認定こども園概要」https://www.cfa.go.jp/policies/kokoseido/kodomoen/gaiyou（2024/11/01）
11）児童福祉第7条e-GOV法令検索https://laws.e-gov.go.jp/law/322AC0000000164#Mp-Ch_1-Se_2-At_7（2024/11/01）
12）厚生労働省雇用均等・児童家庭局家庭福祉課『児童養護施設運営ハンドブック』2014
13）入江礼子・小原敏郎（編著）『子どもの理解と援助　子ども理解の理論及び方法-ドキュメンテーション（記録）を活用した保育』萌文書林，2019
14）厚生労働省『保育所保育指針解説』フレーベル館，2018，pp.19-20
15）厚生労働省『保育所保育指針解説』フレーベル館，2018，p.118
16）厚生労働省『保育所保育指針解説』フレーベル館，2018，p.134
17）厚生労働省『「国際生活機能分類-国際障害分類改訂版-」（日本語版）の厚生労働省ホームページ掲載について』2002，https://www.mhlw.go.jp/houdou/2002/08/h0805-1.html（2024/11/01）
18）伊丹昌一（編著）『インクルーシブ保育論［第2版]』ミネルヴァ書房，2022
19）齊藤勇紀・守巧（編著）『子どもが共に育つための障害児保育　障害児についての深い学びから子どもの

支援に生かす』萌文書林，2022

20）酒井幸子・中野圭子（著）『みんなにやさしいインクルーシブ保育　基本と実践を18の事例から考える』ナツメ社，2023

21）文部科学省「幼稚園教育要領」2017，p.9

22）内閣府・文部科学省・厚生労働省『幼保連携型認定こども園教育・保育要領解説』フレーベル館，2018，p.115

23）厚生労働省『保育所保育指針解説』フレーベル館，2018，p .48

24）内閣府・文部科学省・厚生労働省『幼保連携型認定こども園教育・保育要領解説』フレーベル館，2018

25）厚生労働省「医療的ケア児について」https://www.mhlw.go.jp/content/000981371.pdf（2024/11/01）

26）市川奈緒子・仲本美央・田中真衣（著）『医療的ケア児の保育　実践から学ぶ共に育ちあう園づくり』中央法規出版，2024

27)厚生労働省子ども家庭局保育課「保育所等での医療的ケア児の支援に関するガイドラインについて　令和4年度医療的ケア児の地域支援体制構築に係る担当者合同会議』2022

28）本田恵子（編著）『「8つの知能」をいかすインクルーシブ教育MI理論で変わる教室』学事出版，2024

29）鬼頭弥生『インクルーシブ保育の理念と方法』豊岡短期大学論集No.14，2017，pp.433-442

第４章

1）宮川満寿美（編著）野津直樹・内山絵美子他（著）『保育の計画と評価―豊富な例で1からわかる　第3版』萌文書林，2024，p.172

2）鯨岡峻・鯨岡和子（著）『エピソ-ド記述で保育を描く』ミネルヴァ書房，2009

3）請川滋大・高橋健介・相馬靖明（編）『保育におけるドキュメンテーションの活用』ななみ書房，2016，p.4

第５章

1）厚生労働省『保育所保育指針』フレーベル館，2018

2）文部科学省『幼稚園教育要領解説』フレーベル館，2018

3）宮川満寿美（編著）野津直樹・内山絵美子他（著）『保育の計画と評価―豊富な例で1からわかる　第3版』萌文書林，2024

第６章

1）文部科学省「幼稚園教育要領解説」2018，pp.116-118

2）野津直樹・宮川萬寿美（編著）『保育者論－主体性のある保育者を目指して』萌文書林，2023，pp.9-11

3）谷田貝公昭（編）『保育用語辞典』一藝社，2019，p.18

4）森上史朗・柏女霊峰（編）『保育用語辞典』ミネルヴァ書房,2022，p.113

5）谷田貝公昭（編）『保育用語辞典』一藝社，2019，p.385　一部抜粋

6）野津直樹『ドキュメンテーションの導入と活用』小田原短期大学研究起要第53号，2023

第７章

1）NHKニュース「保育士の配置基準　4、5歳児　76年ぶりに見直し」2023，https://www.nhk.or.jp/shutoken/wr/20231226a.html（2024/11/18）

2）NHKニュース「就労問わず保育所など利用　子ども誰でも通園制度とは　対象や条件　議論のポイントは」2023，https://www.nhk.or.jp/shutoken/newsup/20230921d.html（2024/11/18）

3）日本財団ジャーナル「幼稚園、保育所に通わない3～5歳児の未就園児は5．4万人　研究者に背景と課題を問う」2023，https://www.nippon-foundation.or.jp/journal/2023/88688/childcare（2024/09/01）

4）認定NPO法人フローレンス「無園児家庭の孤独感と定期保育ニーズに関する全国調査」2022，https://florence.or.jp/cms/wp-content/uploads/2022/06/0615_report.pdf（2024/09/01）

第８章

1）松本峰雄（監）『より深く理解できる　施設実習』萌文書林，2021
2）厚生労働省「令和６年度障害福祉サービス等報酬改定の基本的な考え方について」2023，https://www.mhlw.go.jp/content/12200000/001176056.pdf（2024/11/18）
3） 増沢高（著）『社会的養護児童のアセスメント』明石書店，2011，p.18
4） 厚生労働省子ども家庭局 厚生労働省社会援護局障害保健福祉部「児童養護施設入所児童等調査の概要」2020，https://www.mhlw.go.jp/content/11923000/001077520.pdf#page=25（2024/11/18）
5）日本発達障害連盟（編）『発達障害白書』明石書店，2023
6）全国乳児福祉協議会　障害児入所施設の在り方に関する検討会「障害児入所施設の在り方に関する意見等ヒアリング資料５」2019，https://www.mhlw.go.jp/content/12204500/000521475.pdf（2024/11/18）

第９章

1）『保育ナビ』2019，p.10
2）小林亮『ユネスコの地球市民教育が追求する能力』玉川大学教育学部紀要第18号， 2018，pp.19-32
3）ルイーズ・ダーマン・スパークス（著）『ななめから見ない保育』解放出版社，1994
4）村田翼夫（編著）『多文化社会に応える地球市民教育』ミネルヴァ書房，2016

巻末ワーク８（解答：１×　２○　３×　４×　５×　６○　７×　８○）

執筆担当

野津直樹　小田原短期大学　保育学科　教授
編者　第６章１、２

山本陽子　小田原短期大学　保育学科　准教授
編者　第１章１（１）　第２章１（１）、３（１）（２）（４）（５）
第７章１、２　第８章１、２、３、４　第９章１、２

内山絵美子　小田原短期大学　保育学科　准教授
第４章１、２　第５章１、２

中山貴太　小田原短期大学　保育学科　専任講師
第３章１、２、３

佐藤穂花　小田原短期大学　保育学科　特任助教
第１章１（２）（３）、２（１）（２）（３）（４）
第２章１（２）（３）（４）（５）（６）、２、３（３）

執筆協力　十間坂保育園・茅ヶ崎市（第４章）

1冊でわかる教育実習・保育実習

2025年1月23日　初版第1刷発行

編著者　野津直樹・山本陽子

発行者　服部直人

発行所　株式会社萌文書林

〒113-0021　東京都文京区本駒込6-15-11

TEL 03-3943-0576　FAX 03-3943-0567

https://www.houbun.com

info@houbun.com

印刷所・製本所　中央精版印刷株式会社

デザイン・DTP　久保田祐子（クリエイティブ悠）

イ ラ ス ト　西田ヒロコ

図 表 作 成　R U H I A

ISBN：978-4-89347-445-2

定価はカバーに表示してあります。

落丁・乱丁は送料弊社負担にてお取替えいたします。

ワークシート集

幼稚園実習、保育実習（保育）、保育実習（施設）、これらの実習に役立つ演習ワークを載せています。

またオンラインで課題が行えるようQRコードも示しています。

教科書にも各実習について説明する中で「ワークを行ってみましょう」と記載されていますので、その順に使ってもらってもよいです。

このシート集のみコピーフリーにしていますので実習ごとにコピーをして活用してください。

- ワーク1　理想の保育者像と目指したい保育者像
- ワーク2　自己解析
- ワーク3　実習生紹介書
- ワーク4　オリエンテーションチェックシート
- ワーク5　実習事前：自己課題
- ワーク6　自己紹介・名札作成
- ワーク7　実習生の身だしなみ自己チェック表
- ワーク8　守秘義務
- ワーク9　検温・体調チェック表
- ワーク10　実習事後：自己課題
- ワーク11　実習日誌
- ワーク12　部分実習指導計画案
- ワーク13　施設実習　実習先調べ（基本編）
- ワーク14　施設実習　実習先調べ（発展編）
- ワーク15　施設実習でよく使う言葉調べ
- ワーク16　施設実習事前：ねらいと目標
- ワーク17　施設実習事後：自己評価

きりとり線

巻末ワーク1 理想の保育者像と目指したい保育者像

学籍番号　　　　　　　　氏名

きりとり線

①保育者になろうと思ったきっかけは何ですか。

②保育者や保護者など身近な大人で見本（手本）となり尊敬している人はいますか。
その人のどんなところが素敵だと思いますか。

③保育者とはどういう人か、保育者のイメージをグループで話し合ってみましょう。
（箇条書き可）

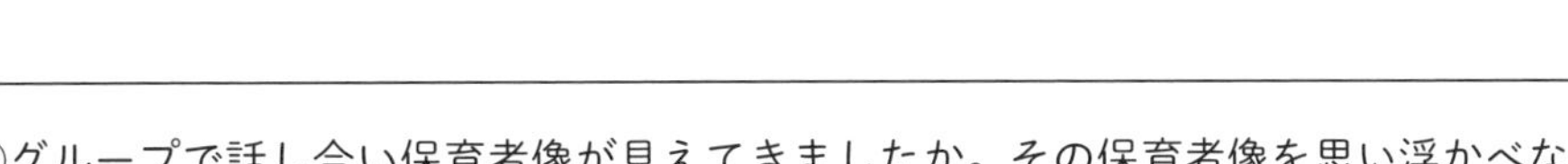

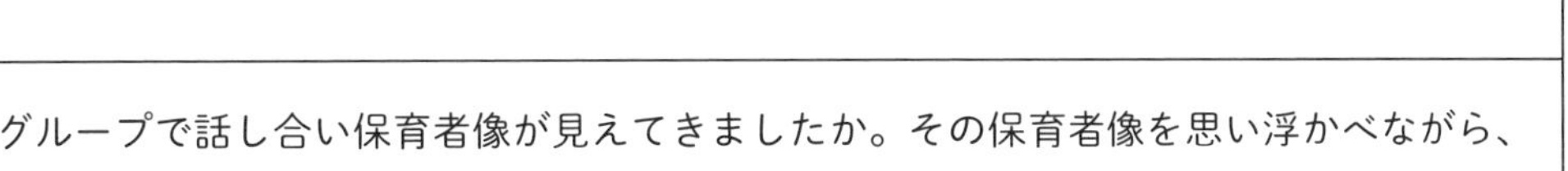

④グループで話し合い保育者像が見えてきましたか。その保育者像を思い浮かべながら、
自分が目指したい保育者像を以下に書き出してみてください。

巻末ワーク2 自己解析

学籍番号　　　　　　　氏名

課題１：以下の表のア～エの４点から、自分に当てはまる項目に○をつけてください。

ア．あなたは“明朗性”の点において、どのような人だと思いますか？	
○いつも明るくて元気である	
○周囲を明るくすることができる	
○いつもムードメーカーである	
○場を和ませる雰囲気をもっている	
イ．あなたは“周囲との関わり”においてどのような存在でしょうか？	
○気遣いができる	
○人の話をしっかりと聞くことができる	
○人と丁寧に付き合うことができる	
○緊張しやすいところがある	
○愛着をもって人と付き合うことができる	
ウ．あなたは“物事に取り組む姿勢”という点ではどのような人でしょうか？	
○根気がある	
○てきぱきとしている	
○我慢強い	
○地道である	
○確実である	
○責任感がある	
エ．あなたは“どのような行動スタイル”をもっていますか？	
○周りを引っ張っていく力をもっている	
○状況にあわせて臨機応変に対応する力をもっている	
○マイペースである	
○人が嫌がることを率先して行える力をもっている	
○確実である	

課題２：上記を参考に、実習生としての自分のよさをアピールする文章をつくってみましょう。

きりとり線

学籍番号　　　　　　　年　　月　　日

実習生紹介書

ふりがな		年度生	写真　4 cm × 3 cm ※写真を貼る 写真の裏側に氏名を記入後のり付けする。
氏　　名		生年月日 昭和 平成　　年　　月　　日	
現住所	〒 tel（　　　）		
帰省先住所	〒 tel（　　　）		
最終学歴			
地域活動 （ボランティアなど）			
健康状態			
特　　技			
性　　格			
そ　の　他			
その他教育に関連する経験等			

実習期間	年　　月　　日（　　）〜　　月　　日（　　）
	年　　月　　日（　　）〜　　月　　日（　　）

きりとり線

巻末ワーク4 オリエンテーションチェックシート

学籍番号　　　　　　　　氏名

✔ オリエンテーションまでにおさえておくべきポイント

	学校名、学部名、学年、名前
	実習先正式名称、園長（実習担当者）の名前
	日程のすり合わせ（授業スケジュールや学校行事などを確認のうえで電話をする。）
	持ち物の確認（必要書類、実習日誌、指導案、印鑑、筆記用具、室内履き、メモ帳、ハンカチ・ティッシュ、クリアファイルなど）
	当日の服装（スーツスタイルが望ましい。）
	髪型（髪色は生まれたときの色にしてください。長い髪は一つに束ね、短い場合に前髪が顔にかからないよう整えましょう。）
	清潔感のあるメイクを意識しましょう。爪は短く切り、ネイルは外しましょう。

✔ オリエンテーション当日におさえておくべきポイント

	要領指針等、実習先の規模や人数、担当クラスの年齢、人数
	配慮が必要な子どもへの対応の仕方（食物アレルギー含）
	一日の流れ
	出勤、退勤時間、出勤の手段
	通勤時の服装
	出勤簿の場所
	書類、実習日誌の提出場所および書き方
	外履き、室内履きの置き場所、更衣室の使い方
	実習のスケジュールや実習期間中の行事の有無
	実習当日までの課題（歌やピアノの練習など）
	質問事項をまとめておき、尋ねること

メモ欄

きりとり線

巻末ワーク

巻末ワーク5 実習事前：自己課題

学籍番号　　　　　　氏名

実習事前自己課題の例文を示します。
この例文にとらわれず自分で考えて以下の課題を行ってみましょう。

- 保育者の動きをよく観察し、実習先の一日の流れを把握する
- 子どもたちの生活習慣や発達の状況を理解し、個々にあわせた援助方法を学ぶ
- 保育者がどのように子どもたちに関わっているのかを観察し、声かけや言葉の選び方を学ぶ
- 登降園時の保護者対応を観察し、関わり方や話す内容を知る

課題：実習の自己課題を考えて記入する

実習前半

実習中盤

実習後半

きりとり線

巻末ワーク6 自己紹介・名札作成

学籍番号　　　　　　　氏名

子どもたちを前に自己紹介をする際のアイデアをいくつか示しておきます。

①「△○組の皆さん、こんにちは。幼稚園（保育所）の先生になるためのお勉強をしにきました。名前は○○です。好きな食べ物はイチゴです。お絵描きが大好きです。みんなとたくさん遊べるのを楽しみにしています。よろしくお願いします。」
②「○○先生といいます。今日から△○組の皆さんと一緒にすごすために、○△幼稚園（保育所）に来ました。走ったり、ボール遊びをしたりするのが大好きです。一緒にたくさん遊びましょう。」
③「こんにちは。○○といいます。緊張しているのでお友達を連れてきました（熊のぬいぐるみをみせる）。熊さんは、どんな食べ物が好き？『りんご』そうかりんごが好きなの？○○先生はね、イチゴが好き！（このように熊と対話するかたちで自己紹介をする）」

課題１：上記の例にとらわれず自己紹介の方法を考え、以下にアイデアを書き出してください。

課題２：実習を前に名札を作成してみましょう。以下に名札のデザインを描いてください。

＊大きさは手のひらサイズが最大です。フルネームをひらがなで刺繍します。
＊フェルトで作成、刺繍せず名前シールを使う場合は剥がれないよう縫い止めます。
＊ディズニーやサンリオなど既存のキャラクターを使わないようにしましょう。
＊安全ピンのかわりにクリップや面ファスナー（マジックテープ）を使いましょう。

巻末ワーク7 実習生の身だしなみ自己チェック表

＼実習に入る際に確認しましょう。／

	チェック項目	確認	直前
頭髪	1.髪の色は生まれながらの色である。 （地色に近い髪色に戻すための白髪染め等は可とする）		
	2.髪型は実習に適したスタイルである。 前髪は顔にかかっていない。長い場合は後ろで一つに束ねる。 耳を出し、顔の横の髪はピンで留めている。		
	3.髪飾りはつけていない。髪留めは安全なもの（パッチン式）である。		
	4.エクステンションなど、おしゃれ目的で地毛以外のものをつけていない（医療目的のウィッグ類は除く）。		
爪	5.両手の爪は切りそろえてある。		
	6.両手の爪は自然なまま、付け爪やマニキュアなどはしていない。		
	7.足の爪は切りそろえている。また、自然なままでペディキュアなどはしていない。		
化粧	8.お化粧はしていないか、しても薄め（ナチュラルメイク）である。		
	9.まつ毛は自然のまま、マスカラやつけまつげ（エクステンション）などはしていない。		
眼	10.カラーコンタクトはつけていない。		
アクセサリー	11.ピアス、ネックレス、指輪等のアクセサリーは一切つけていない。		
香り	12.香水、柔軟剤など、香りのするものをつけていない。		
服装	13.実習着は学校指定、または、実習先の指示に従ったものである。		
	14.ポロシャツのボタンは上まで留めている。または、開けても一番上だけである。		
	15.下着は透けていない。		
	16.ズボンの長さはくるぶしあたりで丁度よい丈である（引きずっていない、折り返していない）。		
	17.ズボンはかがんだ際でも背中やおへそが見えないものである。		
	18.靴下はくるぶしが隠れる長さのものである。		
	19.靴は脱ぎ履きしやすいものである。		
	20.室内履きは実習先の指示に従ったものを用意している。		
持ち物	21.汗をかいたり雨にぬれたりした際の着替えを用意している。		
	22.汗拭き用タオル、ティッシュを用意している。		
その他			

きりとり線

巻末ワーク8　守秘義務

学籍番号　　　　　　　　氏名

✔ 守秘義務について以下の点を確認し実習に臨みましょう。

	実習中に知り得た個人情報は、実習上必要な場以外では一切口外しません。
	個人情報を実習日誌に記録する際には、第三者が氏名等を特定できないよう記録します。
	公共の場（電車・バス内、公共施設内等）やSNS上（フェイスブック、エックス、インスタグラム、ティックトック等）において、個人情報に関わることを一切口外しません。また実習日誌の記録は公共の場において一切行いません。
	個人情報を親しい間柄（保護者・友人等）に対しても一切口外しません。
	個人情報が記載されている資料・用紙等は、実習先から一切持ち出しません。持ち出しが必要な場合は園長・施設長・実習担当者等に相談します。
	実習日誌を紛失等しないよう十分に注意します。
	実習中の記録やメモの保管は十分に注意します。不要の際にはシュレッダー等で破棄します。
	パソコン上で個人情報を記した実習に関するファイルがあった場合には、実習事後指導を受けた後、速やかに消去します。

きりとり線

課題：上記を参考に以下のクイズを読んで、○×を付けましょう。

	①守秘義務は、法律上保育者に課せられた義務であり、実習生は特に守る必要は無い。
	②守秘義務に違反すると罰則がある。
	③家族や親友であれば、実習中のことを話してもよい。
	④実習生同士であれば、喫茶店などで実習先でのことを話し合うことは特に問題は無い。
	⑤守秘義務があるので養成校での反省会や報告会でも本当のことは言ってはならない。
	⑥守秘義務とは秘密保持義務のことであり、正当な理由なくその職務について知り得た人の秘密を漏らしてはいけないことである。
	⑦実習終了後、養成校を卒業し、就職して２年くらい時間が経過すれば、当時、実習で知り得た人の秘密を友人に話しても守秘義務違反とならない。
	⑧実習終了後の養成校での報告会では、子どもや利用者の個人名よりイニシャルで報告したほうがよい。

（解答は、引用・参考文献のp.122に載せています。）

巻末ワーク9 検温・体調チェック表

学籍番号　　　　　　　　　氏名

実習の2週間前から記入すること

	日付（曜日）	朝の体温	夕の体温	該当項目に〇									備考
				だるさ	食欲不振	呼吸困難	せき	のどの痛み	味覚・視覚の異常	鼻水	関節・筋肉痛	腹痛・下痢	
	記入例 6/1（火）	36.3℃	36.5℃										
1													
2													
3													
4													
5													
6													
7													
8													
9													
10													
11													
12													
13													
14													

きりとり線

巻末ワーク10 実習事後：自己課題

学籍番号　　　　　　　　　　氏名

ワーク５で、実習を前に自己課題を考え記入したことと思います。ワーク10では、それを参考にしながら、実習を通じて得られたこと、そして新たな課題が見つかったか否かを考え記入してみましょう。
次の実習（あるいは就職）までの課題点として認識し克服していくための指標になります。

○実習事前・自己課題を参考に、実習で得られた点や反省点を書いてください。

○実習を通じて、自分の課題が見つかったと思います。次の実習までに（又は卒業までに）どんな点を強化していきたいか、考えて記入しましょう。

きりとり線

巻末ワーク11　実習日誌【　　日目】

学籍番号　　　　　　　　氏名

今日の「保育のねらい（担当保育者に伺う）」

私の今日の課題

月　　日（　　）天候	（　　　　）組 （　　　　）歳児	出席（　　　　）名

時間	登園前の保育を支える時間		
	（保育者の動き） （実習生の動き）		
	保育の時間		
	子どもの活動	保育者の関わり	実習生の関わり
	降園後の保育を支える時間		
	（保育者の動き） （実習生の動き）		

きりとり線

巻末ワーク11 実習日誌（裏）

〈エピソード記録〉

エピソード記録（子どもの行動を観察して記録しましょう）
〈子どもの行動〉　　　　（　　　　　）歳児 〈行動の意味や考察〉
本日の反省・気付き （一日の保育を振り返っての自身の反省や気付いたことを記録しましょう）
実習先の（担当保育者）からの言葉

きりとり線

巻末ワーク12 部分実習指導計画案

学籍番号　　　　　　　　氏名

実施年月日　（　　　　　）月（　　　　）日（　　　　）曜日

対象児　　　（　　　　　）歳児（　　　　）名

主な活動【　　　　　　　　　　　　　　　　　　　　　　　　】			
〈子どもの実態〉		〈ねらい〉	
時間	環境構成	予想される子どもの活動	保育者（実習生）の援助・配慮点

きりとり線

巻末ワーク13　施設実習　実習先調べ（基本編）

学籍番号　　　　　　　　　氏名

実習先施設の概要と実習目標

1　実習施設の種別

2　施設の方針・理念

3　職員について（職種・人数・役割など）

4　施設利用者・入所（通所）児童について

・利用定員

・年齢や性別の構成

・利用者・入所（通所）児童の特徴

5　生活の様子

6　その他（施設周囲の環境や、家庭、地域との連携など）

7　実習生として知りたいこと、実習目標（２点）

・

・

きりとり線

巻末ワーク14　施設実習　実習先調べ（発展編）

学籍番号　　　　　　　　　氏名

実習先施設の成り立ちと現在の状況や課題、保育士の役割。

1　実習施設の種別

2　実習施設の成り立ち（歴史）

3　実習施設の現在の状況と課題

（現状）

（課題）

4　実習施設における保育士の役割

きりとり線

巻末ワーク15 施設実習でよく使う言葉調べ

学籍番号　　　　　　氏名

以下の言葉について、調べましょう。

大舎制／中舎制／小舎制
措置制度／利用契約制度
子どもの権利ノート
子どもの権利条約（児童の権利に関する条約）４つの柱
障害者の権利条約
障害者差別解消法（令和６年改正）の合理的配慮
児童虐待（４つの種類）
発達障害
愛着障害
個別支援計画（IEP）
アドボカシー
エンパワーメント
ストレングス視点
SST
スモールステップ
QOL

きりとり線

巻末ワーク16 施設実習事前：ねらいと目標

学籍番号　　　　　　　　氏名

①～⑥の項目ごとに、自分で細目（ねらい／最低２点）を考え記入しましょう。

例）②子ども・利用者への理解を深める　（細目）・子どもの年齢差や月齢差を知る

保育実習Ⅰ（施設）および保育実習Ⅲ　ねらいと目標
①児童（社会）福祉施設等（実習先施設）を理解する。
②子ども・利用者への理解を深める。
③職員から学び、養護（ケア）技術を習得し利用者との関係づくりをする。
④多職種連携の中における施設保育士の職務と役割を理解する。
⑤個別支援計画や記録の実際を知る。
⑥施設実習にあたっての自己課題を設定する。

きりとり線

巻末ワーク17 施設実習後：自己評価

学籍番号　　　　　　　　　氏名

ワーク16で考えた細目（ねらい）を思い起こし実際にねらいを達成できたか、自己評価を行いましょう。

保育実習Ⅰ（施設）および保育実習Ⅲ 自己評価
①児童（社会）福祉施設等（実習先施設）を理解する。
②子ども・利用者への理解を深める。
③職員から学び、養護（ケア）技術を習得し利用者との関係づくりをする。
④多職種連携の中における施設保育士の職務と役割を理解する。
⑤個別支援計画や記録の実際を知る。
⑥実習生としての自己課題に対する自己評価。

きりとり線